AF360248

(1) *Aux Empereurs, aux Rois, aux Princes, aux Ducs, aux Marquis, aux Comtes, aux Barons, aux Chevaliers, aux Présidents des Républiques, aux Ministres, aux Employés des Gouvernements, à tout le genre humain et ses générations.*

Majestés Impériales et Royales, Messeigneurs, Messieurs, Mesdames.

Les médecins presque tous ont fait de très-bonnes études dans des colléges et des lycées, presque tous ont passé leurs baccalauréats ès-lettres, ès-sciences, dans leurs écoles, leurs facultés et pendant tout le temps de l'exercice de leur profession, il n'y a pas des connaissances qu'ils ne soient obligés d'acquérir, pour les mettre à la disposition de leurs semblables ; et si les personnes élevées voulaient bien leur accorder la permission, de communiquer quelquefois le résultat de leurs recherches sur les hommes en état de santé et de maladie, elles pourraient y puiser les moyens d'obvier à bien des inconvénients, à bien des malheurs.

L'idée de pauvreté et de richesse domine toutes les classes de la société, fait faire beaucoup de mal et doit être examinée la première

Mais ce qui étonne beaucoup, c'est que, on a érigé en pauvres, les personnes et les pays, où il y a suffisance et plus que suffisance du sol et où, en travaillant quelques jours, quelques semaines, quelques mois, on récolte 2, 3, 4, 5, 10 fois plus qu'il ne faut pour nourrir sa personne, sa famille et les êtres inférieurs. On a érigé en riches ceux où il y a insuffisance et plus qu'insuffisance du sol et où, en travaillant continuellement, on ne récolte, que la moitié, le tiers, le quart, le cinquième, le dixième, le onzième, le douzième, de ce qu'il faut pour nourrir sa personne, sa famille et ces êtres. C'est un non-sens, mais il faut le reconnaître, car en étudiant les dangers auxquels sont exposés nos semblables, on apprend ceux auxquels on peut être exposé soi-même. Et ce qui étonne le plus, c'est que, on ne peut en dire un mot, n'importe dans quelle réunion, sans qu'on ne hausse les épaules, sans qu'on n'impose silence. Qu'est ce qui a pu produire cet état des choses ? c'est d'abord l'enseignement privé et public, qui n'est nullement en rapport avec les exigences actuelles de la vie, et puis, c'est la monnaie, à laquelle on a donné infiniment plus de valeur qu'on ne doit. Rien de plus facile que de s'en convaincre, en prenant pour point de départ d'investigations sous ce rapport, son intelligence du bien et du mal. Cependant, je dois prévenir, qu'en admettant que c'est au nom des Princes, des Rois, des Empereurs et des Papes, qu'on agit ainsi depuis l'enfance et la naissance ; à l'âge de raison, toute personne doit pouvoir se mettre à la place de ces Princes, de ces Rois, de ces Empereurs et de ces Papes, afin de juger de tout le bien et de tout le mal qu'on peut ou doit faire dans ces positions élevées. Jusqu'aujourd'hui, c'est au nom de Dieu qu'on a agi ainsi, et nécessairement, à l'âge de raison, toute personne doit pouvoir se mettre à la place de ce Dieu, afin de juger de tout le bien et de tout le mal, qu'on peut ou doit faire dans cette position qui est la plus élevée et la dernière.

Quelqu'un, par conséquent, qui s'aviserait d'ériger le mot Dieu en qualités de fous, et les connaissances qu'on y acquiert en folie, se priverait et priverait tout le genre humain du seul moyen qu'il y ait, de reconnaître toutes les voies du salut pour les suivre et les voies de la perte pour les éviter.

En ce qui concerne la pauvreté et la richesse, on devrait dire, écrire, enseigner : que là où il y a suffisance et plus que suffisance du sol, là devrait être le vrai bien-être, la vraie richesse ; et là où il y a insuffisance et plus qu'insuffisance du sol, là devrait être la vraie pauvreté, la vraie misère. Dans le premier lieu, les autorités devraient pourvoir à ce que chaque personne eût 2, 3, 4, 5, 10, fois plus qu'il ne faut de propriétés, pour nourrir sa personne, sa famille et les êtres inférieurs ; dans le second lieu, elles devraient faciliter les moyens d'acquérir de ces propriétés, car les cinq sixièmes du globe terrestre ne sont pas cultivées ou le sont très-mal. En cas d'insuffisance du sol, produite par la combustion et l'ignition permanente de notre corps céleste, au moyen des volcans, dont il y a 520 elles devraient enseigner la résignation à la mort de soi et des siens.

Il y a un autre genre de pauvreté et de richesse, qui consiste dans la non possession ou la possession de la monnaie.

Cette monnaie, ne peut avoir d'autre origine, que celle d'avoir été employée, comme signes de reconnaissance des personnes, dans des voyages à des distances de plus en plus éloignées et comme espaces, et comme temps. Les souvenirs des mères, des pères, des ayeux, des ancêtres seront toujours chers ; les parents, les amis, les connaissances, les compatriotes, les prôneurs, qui les présenteront seront toujours les bien-venus. Dans des guerres, dans des combats, amis et ennemis les possèdent, les font valoir et les laissent bien souvent, comme gages de reconnaissance pour des services de la plus grande importance. Les autorités ont voulu mettre à profit cette disposition des hommes, même aux temps d'indignation, de haine, de colère, et se faisaient représenter par ces signes, ces souvenirs et ces gages ; afin de faire cesser les disputes et les contestations inévitables, au moment d'échange, des travaux contre des travaux, des produits contre des produits, des travaux et des produits contre des travaux seulement, des travaux et des produits contre des produits seulement, des travaux et des produits contre des travaux et des produits. Des nations, des parties du genre humain et ses générations agissaient de même ; les métaux étaient préférés à cause de leur durée, à cause de possibilité de transmettre à travers les siècles, les images et les caractères, après l'extinction des personnes, des familles, des races et des générations. Mais le manque fréquent de parole, de la part de bien des personnes, de bien des autorités, de bien des nations, de bien des parties du genre humain ; le manque fréquent de jugement équitable, en échange des procédés, qui inspirent la plus vive gratitude, à toutes les intelligences, à tous les êtres, à tous les sens ; a fait préférer les métaux à toutes ces personnes, à toutes ces autorités, à toutes ces nations, à toutes ces parties du genre humain ; à tous leurs jugements, à tous leurs raisonnements, à toutes leurs raisons. Telle est et ne peut être autre l'origine de la monnaie. Aujourd'hui trois métaux, sous divers poids, sous des formes déterminées, à l'effigie des personnes ayant le pouvoir le plus élevé dans différentes collections du genre humain, servent des points de ralliement d'échange contre tous les travaux, tous les objets. Mais y a-t-il le moindre motif pour que leur non possession ou leur possession soit érigée en pauvreté ou en richesse ? non. Des personnes d'élite de toutes les classes de la société, des Princes, des Rois, des Empereurs, des Papes, dans le malheur et le bonheur ont protesté contre cet état des choses, et comme avant tout on prêche, on instruit d'exemple, c'est cet exemple qu'on doit suivre et non autre. La monnaie cependant et tout ce qui la concerne, peut être soumis à l'exactitude du calcul et je vais le faire.

Depuis qu'on en fait, on en a fait pour 30 billions ; les 22 billions ont été perdus ou convertis en métaux, en d'autres

(1) Les Chefs temporels et spirituels des États, que j'ai désignés dans mes précédents imprimés, n'existent qu'à l'état des mots, n'ont pas été érigés en dynasties, et j'ai cru de mon devoir de les supprimer.

objets, il n'en reste que 8 billions. Et si la présente génération du genre humain a un billion de personnes, si à chacune d'elles il faut un franc par jour, en denrées pour vivre ou 365 francs par an, ces huit billions doivent circuler autant de fois qu'il faut pour obtenir ce résultat, c'est-à-dire 45 fois et demi par an. S'il y a un billion d'êtres inférieurs, aides indispensables de l'existence des hommes, et si l'entretien de chacun d'eux était évalué à un franc par jour en denrées ou 365 francs par an, ces 8 billions doivent encore circuler autant de fois qu'il faut pour obtenir ce résultat, c'est-à-dire, 45 fois et demi par an en tout 91 fois. Quand ils ne circulent que 80, 60, 40, 20, 10, 5, 1 fois, il est facile de prévoir tous les malheurs et tous les dangers qui en résultent. Dans les pays où il y a suffisance et plus que suffisance du sol, leur non circulation ne peut produire que la faiblesse, la douleur, le désespoir; dans les pays où il y a insuffisance et plus qu'insuffisance du sol, elle ne peut que produire la résignation à toutes sortes de maux, à tous les genres de mort. Quel est le moyen d'y obvier? après avoir bien cherché, on ne trouvera pas de meilleur, que l'institution des soldes des âges et des soldes proportionnées aux degrés de plus en plus élevés dans l'acquisition des connaissances; car non-seulement elle faciliterait l'étude du calcul, en ce qui concerne la circulation de la monnaie, afin d'obtenir toutes les consommations, tous les travaux, toutes les opérations; mais encore elle faciliterait son étude à tous les âges, et comme arithmétiques et comme mathématiques et comme physique et comme chimie et comme astronomie et comme toutes les sciences. Seulement, le zéro et ses parties, les unités et leurs fractions, ne signifient autre chose dans la création et procréation de tous les corps célestes et de tout ce qui les peuple, que le néant et tout ce qui en résulte, comme je l'ai indiqué dans un de mes écrits qu'on pourra lire par la suite. On doit procéder de même dans l'acquisition, la transmission et l'enseignement de n'importe quelle autre connaissance. Il a fallu beaucoup de temps pour produire des plumes, l'encre, des encriers, le papier, des tables, des sièges, des appartements où l'on écrit; mais il a fallu beaucoup plus de temps, pour produire des personnes capables d'acquérir des connaissances de plus en plus vraies, de plus en plus exactes, de plus en plus indispensables et utiles, afin de les communiquer à tous leurs semblables, toutes leurs générations. (Novembre 1858.)

J'ai l'honneur d'être avec un très-profond respect, Majestés Impériales et Royales, Messeigneurs, Messieurs, Mesdames.

Votre très-humble et très-obéissant serviteur,
AUGUSTE DE BUKOJEMSKI, Dr. M. M.

Majestés Impériales et Royales, Messeigneurs, Messieurs, Mesdames.

Le malheur est la meilleure école et n'est telle, que parce que dans peu de temps on y est forcé d'apprendre beaucoup et bien. Lorsqu'on y est depuis longtemps, depuis sa naissance, avant même, dans ses parents, ses ayeux, ses ancêtres, on peut y avoir tout appris et le mieux. Mais on n'y parviendra jamais si on ne connait pas le but à atteindre, la mission qu'on remplit.

En France on y parviendra moins que partout ailleurs, si on ne veut pas reconnaître, que le sol français n'a été évalué qu'à 40 billions, le revenu n'en est, que de deux, deux et demi, trois pour cent ou tout au plus de 1,200 millions. En admettant qu'il faille à chaque personne, un franc par jour en denrées pour vivre ou 365 francs par an, on n'a qu'à diviser le nombre de 1,200 millions par 365 et on saura, que le sol français ne produit de quoi nourrir, que 3,287,675 personnes.

Oui, l'insuffisance du sol est la seule cause de tous les malheurs privés et publics en France principalement. On y a bien la faculté de penser, d'agir, de parler, d'écrire; et en ne la reconnaissant pas pour le moyen de manifester la mission qu'on remplit dans la création ou dans la vie, on se plait à dire, que c'est un moyen de formuler des plaintes qu'on y a. Plaintes soient. Mais avant 89 l'état des choses était déjà tel, ces plaintes que la douleur et le désespoir arrachent, avaient dégénéré en carnage et en atrocités contre ceux auxquels on les adressait. Depuis lors presque toute la population a été renouvelée dans 50 ans et le Gouvernement y a changé 12 fois au moins. Aujourd'hui l'insuffisance du sol a été aggravée par le partage des propriétés même en des lots de quelques francs, quelques centimes; la populatoin a augmenté de 22 à 37 ou 38 millions; la faculté de penser, d'agir, de parler, d'écrire, a pris une extension infiniment plus grande qu'avant 89. La population ne pourra donc que se renouveller, tous les 40, tous les 30, tous les 20, tous les 10, tous les 5, tous les ans; le gouvernement ne pourra que changer 15, 20, 30, 40, 50 et 100 fois dans chacun de ces espaces de temps; les plaintes ne pourront que dégénérer en carnage et en atrocités de toutes sortes. Ce n'est donc ni moi, ni ceux qui me lisent, ni Draguignan, ni Marseille, ni Lyon, ni Paris, ni Londres, ni Saint-Pétersbourg, qui changent le gouvernement français et d'autres pays; mais c'est insuffisance du sol en France et partout ailleurs insuffisance des personnes.

J'ose espérer qu'il sera facile de reconnaître à-présent, avec l'exactitude du calcul, qu'il s'agit du salut ou de la perte de la France; je pourrais prouver avec l'exactitude non moins grande, qu'il s'agit du salut ou de la perte de tous les corps célestes et de tout ce qui les peuple, du salut ou de la perte du monde! La publicité seule pourrait me faire obtenir ce résultat. Si je l'avais à ma disposition, il y a bien longtemps que j'aurais pour moi, tous les hommes de bien, tout ce qui a du jugement, du bon-sens, de l'intelligence, de la conscience du bien et du mal; ne l'ayant pas je suis obligé de me résigner à saisir toutes les occasions, pour prévenir ceux qui pourraient s'intéresser à leur salut, en France et à l'étranger, de quoi il s'agit.

Je serais par conséquent infiniment reconnaissant d'abord, si on voulait bien m'accorder la permission de communiquer le résultat de mes recherches sous ce rapport et sous bien d'autres, dans des lettres et aux dates où je les ai écrites pour la première fois et puis, si on voulait bien en faire part même à ceux qui ne savent ni lire ni écrire. (Décembre 1858.)

Majestés Impériales et Royales, Messeigneurs, Messieurs, Mesdames.

Le sol français, je le répète, n'a été évalué qu'à 40 billions, le revenu n'en est que des deux, deux et demi, trois pour cent ou tout au plus de 1,200 millions; en admettant qu'il faille à chaque personne un franc par jour en denrées pour vivre ou 365 francs par an, on n'a qu'à diviser le nombre de 1,200 millions par 365 et on saura, que le sol français ne produit de quoi nourrir, que 3,287,675 personnes. Je sais bien, qu'on a publié à la tribune et ailleurs, qu'il y a 20 millions de propriétaires, mais dès l'instant que la valeur du sol n'est que de 40 billions, chacun d'eux ne peut posséder que 2,000 francs en moyenne en propriétés ou 60 francs en revenus; et comme il leur faut absolument à chacun 365 francs pour vivre, tout en cultivant la terre, chacun d'eux est encore obligé de pourvoir à son existence pour 305 francs par an, par des moyens employés par ceux qui n'ont point de propriétés. Et ces 20 millions et les 17 ou 18 millions qui restent, sont donc obligés de pourvoir à leur existence par le commerce et l'industrie. Mais le commerce dans cette position, c'est voyager de père en fils, de famille en famille, de génération en génération, dans l'intérieur du pays, en Espagne, en Italie, en Hongrie, dans d'autres pays de l'Europe, de l'Afrique, de l'Asie, de l'Amérique, pour se procurer des objets de première nécessité et souvent périr. L'industrie c'est perfectionner les objets de chaussure, d'habillement, d'armement, du luxe, d'ameublement et autres, e isant abnégation de plus en plus complète de sa vie, de sa personne. Dans l'un et l'autre cas, c'est s'épuiser, s'user, abimer et s'éteindre bien vite, parce que le sol ne produit de quoi nourrir que le douzième de sa population et parce que bien souvent et ce douzième d'aliments et les autres ressources manquent. Ignorer cet état des choses ou ne point chercher à en prévenir tous les français et tous les étrangers, au moyen de publicité et autrement, c'est vouloir leur ruine, leur perte.

C'est une très belle chose que la chrétienneté, que l'humanité, que la civilisation ; c'est encore une bien plus belle chose, que de se croire très-chrétien, très-humain, très-civilisé et civilisateur ; mais à condition d'être vrai, exact, indispensable et utile. Les sont-ils tous ceux qui se proclament tels ? par ma foi non.

Ne sachant pas ce qui précède, ils ne peuvent qu'ignorer, que depuis bien des siècles presque toute la population, non pas de Paris mais de la France, se renouvelle dans un court espace de temps. Qu'à l'avenir, elle ne pourra que se renouveller tous les 40, tous les 30, tous les 20, tous les 10, tous les 5, tous les ans ; et comme elle ne peut se renouveller ainsi qu'aux dépens de tout le genre humain, en sachant que le nombre en est limité, à un billion 275 millions de personnes, on peut savoir le jour, l'heure, la minute, la seconde, à laquelle la France l'absorbera. Ceux qui tuent leurs semblables et les dévorent, on les appelle des anthropophages ; mais ceux qui se dévorent parmi eux, qui dévorent ainsi toutes les nations et tout le genre humain, faut-il les appeler des très-chrétiens, des très-humains, des très-civilisés et civilisateurs?...

Si c'est un malheur qu'ils l'avouent hautement, qu'ils cherchent les moyens d'y obvier et ils sortiront victorieux de tous les obstacles.

Il y a en France des Compagnies, des Consuls, des Ambassadeurs, des Ministres, un Gouvernement ; ils n'ont qu'à diriger toute leur attention, vers l'acquisition des propriétés dans d'autres pays de l'Europe, de l'Afrique, de l'Asie, de l'Amérique. Ils disposent des centaines, des milliers, des millions de personnes, pour la construction des tunnels, des mines, les canaux, des chemins, des chemins de fer ; ils peuvent disposer du nombre nécessaire, des bergers, des valets, des fermiers, des laboureurs, pour cultiver ces propriétés, aux conditions et des garanties les plus convenables. Il y a en France millions d'ouvriers, que le moindre chômage, la moindre inoccupation et le travail outré, réduit à la dernière des misères, plonge dans des maladies constitutionnelles héréditaires et autres ; ils n'ont qu'à diriger toute leur attention sur ce que, les produits français sont encore recherchés, qu'on n'a qu'à attacher à chaque Consul, chaque Ambassadeur, des hommes de confiance, avec des prix courants de leurs produits, afin d'en faire offre à toutes les nations, tous leurs gouvernements. Des millions et des billions des commandes, en objets de chaussure, d'habillement, d'armement, du luxe, d'ameublement et autres, leur seront faites chaque année.

Personne ne peut les empêcher, de représenter à leurs gouvernements et à tous les gouvernements, de faire pour tout le monde, ce qu'ils ont fait pour des prêtres, des soldats, des administrateurs, des avocats, etc. Il n'y a pas un prêtre communal, cantonnal, de l'arrondissement, du département, de la capitale, qui n'ait son existence assurée, des soldes, des retraites ; ils peuvent en obtenir autant pour toutes les classes de la société. Comme tout ici n'est l'affaire que de la circulation de la monnaie, il n'y a pas un Français, qui après avoir compris, que l'insuffisance du sol est la seule cause de l'extinction des personnes, des familles, de la concurrence, de l'esprit des partis, des jalousies de toutes sortes ; qui ne veuille acquérir des propriétés à l'étranger, ne serait-ce que pour s'y reposer chaque année, pendant quelques jours, quelques semaines, quelques mois. Ceci doit d'autant plus mériter toute leur attention, qu'en Russie par exemple, une propriété d'un paysan de re classe qui se vend 600 francs, rapporte au moins de quoi nourrir, l'attelage de trois charrues ou 18 bœufs ; en évaluant au aux francais, la nourriture de chaque bœuf, à 2 francs par jour ou 730 francs par an, cette propriété de 600 francs rapporte près de 14,000 francs. Ce que je dis de la Russie existe en Italie, en Allemagne, en Turquie, en Abyssinie, en Mexique et dans d'autres pays. Quel est le français qui ne voudrait s'économiser 600, 1,200, 1,800, 2,400, ou 3,000 francs, pour acquérir e ces propriétés et avoir un bien-être beaucoup plus grand que dans son pays, avec 14, 28, 42, 56, ou 70,000 francs de rentes ?

Personne ne peut les empêcher non plus, de reconnaître que la religion n'est rien autre, que le moyen de nous rendre compte de ce qui nous rallie aux générations du genre humain qui nous ont précédées dans la vie, aux êtres inférieurs, à notre globe terrestre, à tous les corps célestes et tout ce qui les peuple. Une religion qui n'en rend compte qu'à moitié, au tiers, au quart, au cinquième, au dixième, au centième, aux millième, au billionième, etc., n'est religion qu'à ce degré. Une religion qui n'en rend point compte ne l'est pas. Je crée cette véritable religion et je suis obligé de créer bien d'autres choses, puisque les sciences ne seront sciences, que lorsqu'elles auront pour but de se rendre compte de ce qui se fait chez l'homme et chez tous les êtres, depuis la conception jusqu'à la mort avant et après. Je suis même obligé de créer les nationalités, qui ne seront telles, que lorsqu'elles auront pour but, de se rendre compte de ce qui se fait dans leurs parties du globe terrestre, dans leurs contrées et les êtres qui les peuplent.

Les très-chrétiens, les très-humains, les très-civilisés et civilisateurs, y perdront-ils la moindre chose ? non ; ils y gagneront au contraire infiniment plus qu'à présent, car il n'y a pas une personne qui après avoir appris que c'est à eux qu'elle doit son avenir et son bien-être assuré, qui ne veuille encourager et prendre connaissance de leurs recherches religieuses, scientifiques et nationales. Seulement, depuis 1, 2, 3, 4, 5, 10, 20, 30 ans d'étude, toute personne doit avoir les moyens de faire valoir ses pensées, ses actes, ses paroles et ses écrits.

De tout temps pour parvenir à n'importe quel but, il n'y a pas eu d'autre moyen, que le sabre et la plume. Mais le sabre a besoin de 30, 40, 50, 100, 2, 3, 4, 500,000 ou d'un million de soldats, pour soumettre une personne, un pays, une principauté, un royaume, un empire, une partie du monde ; tandis que la plume, lorsqu'on écrit, lorsqu'on a raison et lorsque ses écrits sont lus, par des personnes, des pays, des principautés, des royaumes, des empires, des parties du monde et par tout le genre humain, ils soumettent leurs pensées à la pensée de l'écrivain et sont vaincus subordonnés. Après avoir obtenu ainsi les pensées, on peut obtenir peu à peu les actes, les paroles et les écrits. (Janvier 1859.)

Majestés Impériales et Royales, Messeigneurs, Messieurs, Mesdames.

On vous a enseigné, vous enseignez sans doute et on enseigne à tout le monde, que pour la religion, il faut sacrifier sa patrie, son pays, sa famille, ses parents, sa personne, sa vie, tout ; et puis, on dit et on écrit partout, que la religion ce sont es prêtres. Je ne crois pas que ce soient les prêtres eux-mêmes qui aient formulé ainsi cette pensée, mais elle a eu des conséquences excessivement fâcheuses et il est du devoir de tous les hommes de les étudier, afin de chercher les moyens d'y obvier.

Dans l'état actuel des choses, il y a 1,130 religions, 1,130 églises, 1,130 catégories des prêtres, 1,130 Papes ; et comme ils ont partout la direction des personnes, de leur conscience privée et publique, de toutes les pensées, de tous les actes, de toutes les paroles, de tous les écrits, dès l'âge le plus tendre de l'enfance, de la naissance même ; ils ont toujours dirigé l'esprit privé et public des populations, dans le sens de persécution, d'extermination, de tout ce qui est honnête, bon, prêtre ou non, de tout ce qui est faible, inoffensif et de tout ce qui plonge dans des malheurs de plus en plus immérités.

C'est ainsi qu'on a détruit : tous les patriarches, tous les prophètes, tous les martyrs, tous les apôtres, tous les saints, tous les élèves, tous les disciples, tous les élus, tous les élus d'entre les élus de Dieu, tous les hommes se disant Dieu et Jésus-Christ parce qu'il se disait fils de Dieu. C'est ainsi aussi qu'on a détruit des nations entières, celles surtout qui étaient le plus dévouées à leurs religions. C'est ainsi enfin que depuis 150 ans environ, on a livré l'avenir du monde, aux papes schismatiques, qui étant Empereurs, disposent des ressources infiniment plus grandes, que les 1,129 autres papes.

Les occupations des personnes devraient les faire ranger : en chasseurs, pêcheurs, laboureurs, ouvriers, artistes, marchands, en tant de classes qu'il y a d'occupations; et si les prêtres devaient être classés d'après le résultat connu, je voudrais bien que les prêtres prononçassent eux-mêmes s'il y a d'autre place pour eux que celle d'instigateurs, des persécuteurs, d'exterminateurs.

Les prêtres devraient en être prévenus les premiers et devraient comprendre qu'ils ne deviendront réellement utiles à leurs semblables, que lorsqu'ils rentreront franchement, sincèrement, dans la voie d'expiation, de résignation, qui a été tracée et suivie par ceux qui ont fondé ces 1,130 religions actuellement existantes, par Jésus-Christ principalement.

Dans le cas contraire, les diverses collections du genre humain, n'auront d'autre moyen d'existence, que de s'emparer du pouvoir absolu qu'ont les prêtres, de s'ériger en emplois, en grades, en titres tels qu'ils les ont, ou les ont créés et diriger de nouveau l'esprit privé et public, dans le sens de persécution, d'extermination, de tout ce qui est honnête, bon, prêtre ou non, de tout ce qui est faible, inoffensif et de tout ce qui plonge dans des malheurs inouïs.

Savoir qu'il en est ainsi, connaître les moyens d'y obvier et ne point les communiquer à ses semblables, c'est être un grand coupable. Je le serais d'autant plus, que depuis 1839, j'ai reconnu, constaté, vérifié, qu'il s'agit du salut ou de la perte de tous les corps célestes et de tout ce qui les peuple, du salut ou de la perte du monde !

Je le serais encore, parce que je sais, que dans tous les siècles passés, les nullités religieuses, scientifiques et nationales; des personnes incapables de constater, de vérifier, n'importe quel acte de la création ou de la vie, s'emparaient des travaux accomplis, pour se procurer l'existence assurée, le bien-être, des emplois, des grades, des titres, des honneurs, des dignités et des récompenses de plus en plus élevées.

Je le serais même parce que depuis août 1845, j'indique à des publicistes, à des personnes et personnages, en Europe, en Afrique, en Asie, Amérique, toutes les voies de l'ordre, du salut pour les suivre, et du désordre, de la perte pour les éviter.

Majestés Impériales et Royales, Messeigneurs, Messieurs, Mesdames.

Tous dans nos ancêtres nous avons commencé, par être paysans, artisans, bourgeois, nobles; nous devrions nous organiser en sorte, à pouvoir revenir à être, bourgeois, artisans, paysans, plutôt que de faire des révolutions, plutôt de guillotiner, assassiner ou empoisonner; tout par conséquent doit y être coordonné à l'extinction des familles. Si la présente génération du genre humain a un billion 200 millions de personnes ou 240 millions de familles et un million de leurs extinctions par an, la dernière des dernières d'entr'elles devraient savoir et enseigner, que dans 240 ans, dans ses enfants, ses descendants, elle doit avoir droit aux emplois, aux grades, aux titres, aux honneurs, aux dignités et aux récompenses les plus élevées.

Il est dans la destinée de tout corps céleste, de devenir soleil, après l'extinction de son soleil et sa réduction en cendres, en atômes! Il devrait être dans la destinée de tout homme, de devenir représentant de son corps céleste, de tous les corps célestes et de tout ce qui les peuple, après l'extinction de leur premier représentant et sa réduction en cendres, en atômes. Tout l'enseignement, toute l'organisation, toute l'administration, devrait être dirigée dans le sens de cette impulsion donnée, car ce sont les hommes qui disposent non seulement de tous leurs semblables, mais encore de tous les êtres et de toutes les parties du globe terrestre.

Quel que soit le nombre d'extinction des familles, personne ne contestera, que le meilleur moyen de leur perfectionnement a toujours été leur production : des Cités, des Baronies, des Comtés, des Marquisats, des Duchés, des Principautés, des Royaumes, des Empires, des parties du genre humain et ses générations. Mais une Cité, ne devrait être Cité, que lorsqu'elle a au moins, un élève, un disciple, un électeur, un éligible, un élu, un élu d'entre les élus et un maître : Chasseur, Pêcheur, Laboureur, Ouvrier, Artiste, Marchand, Fabricant, Négociant, Banquier, Soldat, Administrateur, homme des lettres, des sciences, des théâtres, Avocat, Pharmacien, Médecin, Noble. Une Baronie au moins 2, un Comté 3, un Marquisat 30, un Duché 300, une Principauté 1,500, un Royaume 3,000, un Empire 30,000, une partie du genre humain, 300,000, et sa présente génération 3,600,000 au moins. La présente génération du genre humain, devrait donc avoir : 3,600,000 Cités, 2,400,000 Baronies, 1,200,000 Comtés, 120,000 Marquisats, 12,000 Duchés, 2,400 Principautés, 1,200 Royaumes, 120 Empires, 12 parties du genre humain et une capitale du monde. Tous ces postes devraient être érigés en qualités, en professions, en dynasties, de chacun de ces grades et principalement : de 3,600,000 Chevaliers, 2,400,000 Barons, 1,200,000 Comtes, 120,000 Marquis, 12,000 Ducs, 2,400 Princes, 1,200 Rois, 120 Empereurs, 12 Chefs temporels et spirituels des états et d'un Dieu. Là où l'extinction des familles est la plus grande, l'avancement devrait être le plus rapide.

Le surcroît de population, la trop grande agglomération des personnes, ne devrait être permise que pour un temps restreint, défini, déterminé; et ne devrait point être excusable, quand même le globe terrestre étant embrasé, volcanisé, devenu soleil, n'offrirait plus assez de place, pour le cultiver et parcourir des espaces.

Aujourd'hui que rien encore n'a été disposé pour le faire devenir soleil, tout ce qui concerne l'avenir des générations, devrait être prévu, réglé et tracé à l'avance.

Le manque de discipline, de soumission, de docilité, devrait être acquis dans le repos, le recueillement et l'isolement des arrêts, des arrêts forcés, de la réclusion; l'impossibilité de l'acquérir devrait être manifestée dans des réunions privées et publiques, par des costumes et des insignes, des confréries et des congrégations. Les fautes, les défauts, les vices et les crimes, commis sans connaissance des causes ou avec connaissance, devraient être réparés par des travaux forcés, ayant pour bût l'acquisition de plus en plus étendue de cette connaissance des causes et ce n'est qu'après des expiations, des preuves des épreuves, des examens, de discipline, de soumission, de docilité et de services rendus, qu'on devrait accorder les emplois et les postes : des anachorètes, des ermites, des moines et des séculiers.

Un Chevalier doit pouvoir devenir jusqu'au prêtre dans sa cité; un Baron jusqu'au diacre, je suppose, dans sa baronerie un Comte jusqu'au vicaire dans son comté; un Marquis jusqu'à abbé dans son marquisat; un Duc jusqu'au Recteur dans son duché; un Prince jusqu'au curé dans sa principauté; un Roi jusqu'à Evêque dans sa capitale du royaume; un Empereur jusqu'à Archevêque dans sa capitale de l'empire; un Chef temporel et spirituel d'état, jusqu'au Cardinal dans sa capitale de partie du genre humain de 100 millions de personnes; un Dieu jusqu'au Pape dans sa capitale du monde

Tant que la noblesse ne produira pas le nombre suffisant, de reprouvés, de damnés, de condamnés, de prisonniers et d criminels pour occuper ces postes, ils devraient l'être par ceux d'autres classes. Tant que toutes les classes de la société n'en produiront pas le nombre nécessaire, ils devraient l'être, par ceux qui veulent acquérir la connaissance de toutes les causes du bien et du mal, par ceux atteints des maladies constitutionnelles héréditaires ou non et atteints des phthysies, que l'ardeur des proccupations, de travail et d'étude produit. Le célibat guérit souvent ces maladies, vers l'âge de 21, 28, 35, 42 ans, à tous les âges ; et ceux qui après en avoir contracté l'habitude voudraient le pratiquer, devraient en avoir la faculté. Ceux qui après avoir été guéris, voudraient se marier, devraient pouvoir le faire, comme le font les prêtres schismatiques, protestants, musulmans, juifs et autres. Ceux qui auraient fait des connaissances, des compagnes, des maîtresses, devraient contribuer à leur entretien et a l'entretien de leurs enfants, ou chez eux ou dans des établissements des orphelins, des enfants abandonnés et trouvés.

Ce sont les personnes des différentes générations du genre humain, qui représentent tous les degrés du bien et du mal, en assignant à chacune d'elles son poste, en assurant leur avenir et leur bien-être, ne serait-ce que comme acquisition de la pensée, on leur faciliterait les moyens, de vérifier toutes les connaissances, de vérifier l'ordre des choses tel qu'il est et doit être dans la création, de reconnaître qu'il s'agit du salut ou de la perte de tous les corps célestes et de tout ce qui les peuple, du salut ou de la perte du monde. (Février 1859.)

Majestés Impériales et Royales, Messeigneurs, Messieurs, Mesdames.

Je vous prie de vouloir bien envisager, qu'il n'y a pas une personne d'étude, aujourd'hui, qui n'ait lu 10, 100, 1,000, 2, 3, 4, 5, 10, 20, 30, 40, 50,000 plus ou moins de volumes ou leur résumé; et comme tous les hommes, ainsi que tous les êtres, cherchent à se rendre compte de tous les actes de la création ou de la vie, n'y trouvant rien de satisfaisant, rien de suivi, rien d'exact; la plupart succombe, meurt, d'autres contractent des maladies du cerveau et d'autres organes, d'autres enfin tombent dans l'apathie, dans l'indifférence la plus complète. On pourrait leur faire éviter ces dangers, en les priant de procéder à cet égard, comme on devrait procéder envers des enfants, qui voient tous les corps célestes, tous les actes de la création ou de la vie, mais qui ne peuvent ni les nommer ni les expliquer. En effet, on ne peut voir autre chose dans le ciel, que des atômes de rien, de vapeur, de fumée, des nuages, des nébuleuses, des aérolithes, des comètes, des planètes, des soleils. Les êtres qui les peuplent ne peuvent être autres, que ceux qui sont à l'époque de leur vie embrionaire ou intra-utérine, à l'âge de l'enfance, de la puberté, de l'adolescence, à l'âge adulte, viril, mûr, critique, sénil et les autres âges. De même que dans la création et la procréation des êtres, tout procède du petit au grand; de même dans la création et la procréation des corps célestes, tout procède du petit au grand. Cette définition est d'autant plus indispensable, que n'importe quel entretien, quelle conversation, quelle discussion, quelle polémique ou quel traité qu'on entreprenne, on aura le moyen de se reconnaître, de sortir de toutes les impasses. Cela est ainsi, car lorsqu'un enfant fixe toute son attention, sur des corpuscules flottants, de la poussière, de la cendre, en très-petite quantité, on lui dit : c'est un rien du tout ; en lui enseignant en paroles et par écrit, que ce sont des atômes de rien on lui ferait acquérir des connaissances de plus en plus exactes. Lorsqu'il reconnaît, qu'il y a des corps invisibles dans de très-petites proportions, on devrait lui enseigner, que ce sont des atômes de rien de ces corps invisibles. Quand il lit des traités et des volumes sur ces atômes de rien et il y en a, (Ovide je crois,) on devrait lui enseigner, que sur n'importe quel objet, sur chaque lettre, sur chaque parcelle de lettre, on peut parler et écrire, parler et écrire ainsi pendant des siècles même sans aucun profit. Je ne veux point abuser de la bienveillance de ceux qui me lisent en développant les motifs qui m'ont fait admettre ces mots et cette définition, mais je dois prier de vouloir bien envisager, que c'est le seul moyen de vérifier toutes les connaissances, de vérifier l'ordre des choses tel qu'il est et doit être dans la création, de reconnaître ses erreurs et celles de ses semblables. (Mars 1859.)

Majestés Impériales et Royales, Messeigneurs, Messieurs, Mesdames.

On ne peut voir autre chose dans le ciel, que des atômes de rien, de vapeur, de fumée, des nuages, des nébuleuses, des aérolithes, des comètes, des planètes, des soleils. Les êtres qui les peuplent ne peuvent être autres, que ceux qui sont à l'époque de leur vie, embrionnaire ou intra-utérine, à l'âge de l'enfance, de la puberté, de l'adolescence, à l'age adulte, viril, mûr, critique, sénil et les autres âges. De même que dans la création et procréation des êtres, tout procède du petit au grand; de même dans la création et procréation des corps célestes, tout procède du petit au grand. Quelqu'un donc qui dirait ou écrirait, qu'un être adulte, je suppose, a toujours été, est et sera toujours tel, dirait ou écrirait une chose tout-à-fait déplacée, car on apprend tôt ou tard dans la vie, que pour devenir adulte, il faut qu'un être ait traversé les époques de sa vie, embrionnaire ou intra-utérine, l'âge de l'enfance, de la puberté, de l'adolescence et une fois adulte, il faut qu'il traverse cet âge et entre dans l'âge viril, mûr, critique, sénil et les autres âges. Quelqu'un par conséquent qui dirait ou écrirait, qu'un soleil, par exemple, a toujours été, est et sera toujours tel, dirait ou écrirait une chose non moins déplacée, car j'ai révélé et par la suite tout le monde sera à même de constater, de vérifier, que pour devenir soleil, il faut qu'un corps céleste ait traversé les phases de son existence, des atômes de rien, de vapeur, de fumée, de nuage, de nébuleuse, d'aérolithe, de comète, de planète ; et une fois telle, il faut qu'il acquiert le degré de son développement le plus élevé, qu'il devienne peu à peu volcanisé, embrasé et revienne par la combustion et l'ignition à ses volumes de planète, de comète, d'aérolithe, de nébuleuse, de nuage, d'atômes de fumée, de vapeur, de rien. Ce qui constitue la plus grande difficulté dans la constatation de ces faits, c'est que, de même que volontairement ou involontairement, on peut détruire n'importe quel être à l'époque de sa vie, embrionaire ou intra-utérine, à l'âge de l'enfance, de la puberté, de l'adolescence, à l'âge adulte, viril, mûr, critique, sénil et les autres âges; de même involontairement ou volontairement, on peut détruire n'importe quel corps céleste, à l'époque de son existence, des atômes de rien, de vapeur, de fumée, de nuage, de nébuleuse, d'aérolithe, de comète, de planète, de soleil. Un soleil, Sirius je crois, a été éteint en 1846, la planète Mars a été partagée en plusieurs parties, d'autres soleils, d'autres planètes, des comètes, des aérolithes, des nébuleuses, des nuages, des atômes de fumée, de vapeur, de rien, sont et peuvent être détruits à chaque instant du jour et de nuit.

Cependant dans l'état actuel des choses on voit 75,000 corps célestes à l'œil nu et plus d'un billion à l'œil armé.

Et si notre soleil donne le jour, la nuit, les saisons, tout ce qu'elles produisent et la vie, à 10 planètes, 10 comètes, 10 aérolithes, 10 nébuleuses, à autant de nuages, d'atômes de fumée, de vapeur, de rien, qu'il y a dans son système solaire; en tout à 40 corps célestes apparents, lui le 41e ? on n'a qu'à diviser le nombre de 75,000 ou d'un billion par 41 et on saura qu'il y a 1829 ou plus de 24 millions de soleils, qui donnent le jour, la nuit, les saisons, tout ce qu'elles produisent et la vie, à tous les corps célestes.

Quand un soleil s'éteint, après avoir traversé toutes les phases de son existence, un corps céleste, de son système solaire, du nom de planète, devient peu à peu volcanisé, embrasé, devient soleil et revient par la combustion et l'ignition, à ses

volumes de planète, de comète, d'aérolithe, de nébuleuse, de nuage, d'atômes de fumée, de vapeur, de rien ; dans le c
contraire, et ce soleil éteint et les corps célestes qui forment son système solaire , se rangent autour des soleils en ignitio
afin d'en percevoir le jour la nuit, les saisons, tout ce quelles produisent et la vie. Quand 2, 3, 4, 5, 10, 100, 1,000 soleils s'
teignent, dans le premier cas, des corps célestes de leurs systèmes solaires, du nom des planètes, deviennent peu à p
volcanisés, embrasés, deviennent soleils et les remplacent ; dans le second cas et ces soleils éteints et les corps célestes q
forment leurs systèmes solaires, se rangent autour des soleils en ignition, lesquels à leur tour, se rangent en sorte, à rempl
l'espace vide, à le parcourir beaucoup plus vite et brûlent avec une ardeur beaucoup plus grande. Quand tous les sole
s'éteignent et qu'il n'en reste qu'un, et ces soleils éteints et les corps célestes qui forment leurs systèmes solaires, se range
autour de lui en sorte, à ne former qu'un seul énorme système solaire ; ce soleil à son tour parcourt un très grand espac
très-vite et brûle avec une ardeur extrême. Les jours, les nuits, les saisons, tout ce qu'elles produisent et la vie sont
rapport avec ces divers changements. Quand tous les soleils s'éteignent, tous les corps célestes roulent dans d'épais brou
lards, des nuages, des ténèbres ; se heurtent, s'entre-choquent ; sont brisés, broyés, moulus, fondus dans les eaux et réduits
néant, afin de produire un nouvel état des choses.

Le néant alors, est un composé, des solides, des liquides, des gazeux, des impondérables ; qui changent de place, roule
dans l'espace, jusqu'à ce qu'étant suffisamment pétris, pétrifiés, cristallisés, ils aient produit tous les êtres vivants et 1, 2,
4, 5, 10, 100, 1,000, millions, billions etc. de volcans. Ces volcans les consument et les atômes de rien, de vapeur,
fumée qui en émanent, produisent : des nuages, des nébuleuses, des aérolithes, des comètes, des planètes ; qui tourne
autour de leurs axes et tournent autour de ces volcans, afin d'en percevoir le jour, la nuit, les saisons, tout ce qu'elles pr
duisent et la vie. Les corps célestes ayant acquis les degrés les plus élevés du développement, doivent alors devenir volc
nisés, embrasés, être entretenus à l'état permanent d'ignition, devenir soleils ; le premier produit par le premier volcan doit
devenir le premier, le second le second, le troisième le troisième, ainsi de suite. Mais nul d'entr'eux ni ce néant ne peut êt
entretenu à cet état permanent, avant que les êtres qui le peuplent, n'aient acquis l'instinct et la conscience de la valeur
leur existence, l'instinct et la conscience de la valeur de l'existence des êtres de plus en plus élevés, l'instinct et la conscien
de la valeur de l'existence de l'être suprême. Ce dernier être s'y produit en personne, s'y personnifie, vérifie toutes les co
naissances, vérifie l'ordre des choses tel qu'il est et doit être dans la création et y dirige toute leur attention. Et comme
meilleur moyen de l'y diriger est, d'enseigner soi-même ces connaissances à ses enfants, ses descendants, pour qu'i
puissent les communiquer aux générations qui leur sont contemporaines et à venir ; si cet être a des enfants et s'il y parvien
ce corps céleste devient peu à peu volcanisé, embrasé, est entretenu dans cet état en permanence, devient soleil ; et revie
par l'ignition et la combustion, à ses volumes de planète, de comète, d'aérolithe, de nébuleuse, de nuage, d'atômes de fumé
de vapeur, de rien. Dans le cas contraire, d'autres êtres s'en emparent et comme leur mission à cet égard, est d'une null
absolue, ce corps céleste peut devenir volcanisé, embrasé et s'éteint. La majorité dans le bien entraînant partout la minori
en cas de réussite, cet état des choses se propage pendant tout le temps de création et procréation de tous les corps céles
et chacun d'eux devient soleil, à son tour. La majorité dans le mal entraînant aussi partout la minorité, en ne réussissa
pas, ceux même qui ont été embrasés, volcanisés, s'éteignent. Tous les corps célestes dans ce cas, roulent encore dans d'ép
brouillards, des nuages des ténèbres ; se heurtent, s'entre-choquent ; sont brisés, broyés, moulus, fondus dans les eaux
réduits au néant tant et tant de fois qu'il faut, pour produire cet être suprême, tel que la création et la procréation l'exige
c'est-à-dire tel que leur salut l'exige.

Mais l'être suprême n'est jamais venu, ne vient, ni ne doit venir, qu'en suivant la voie du malheur, appelée la voie de Die
qui a été tracée : par des patriarches, des prophètes, des martyrs, des apôtres, des saints, des élèves, des disciples, des él
d'entre les élus de Dieu, des hommes se disant Dieu et par Jésus-Christ, qui se disait fils de Dieu. Dans cette voie, on
d'une extrême bonne foi, d'une extrême résignation et on révèle les connaissances les plus vraies, les plus indispensabl
les plus utiles, de la manière la plus simple, en des paroles et des écrits qui sont devenus et peuvent deve
impérissables. Aujourd'hui il ne peut encore venir que dans l'exil, qui est pire que la mort, parce que les premiers d
premiers dans leurs pays sont moins que les derniers des derniers dans les pays où les malheurs dirigent le
pas. Depuis 16 ans de ma vie, pour n'avoir pas voulu transiger avec ma conscience d'honnête homme, de po
nais, pour n'avoir pas voulu renoncer à ma religion, chrétienne, catholique, apostolique, romaine, dans laque
j'élève même mes enfants, je n'ai fait que souffrir et travailler, pire que tous les martyrs, pire que toutes les bê
de somme, pire que des machines. Pour avoir révélé qu'il s'agit du salut ou de la perte du monde ! ceux qui ne veul
ou ne peuvent le comprendre, disent tout le mal de moi. Depuis lors partout où l'on parle de moi, chaque fois que quelqu
me demande, chaque fois qu'on parle de mes actions les plus irréprochables, les plus dignes d'éloges, on ne manque
de dire, que je suis un fou, une cervelle détraquée, fêlée, une foule d'autres choses, qui ne peuvent qu'aboutir à m'ô
tous les moyens de gagner mon pain et le pain de mes enfants. La publicité seule aurait pû m'en préserver et si on avait
me la procurer j'aurais été infiniment reconnaissant. (Juin 1854.)

Majestés Impériales et Royales, Messeigneurs, Messieurs, Mesdames.

Toute personne peut avoir des rêves, des songes, des visions, des hallucinations ; peut les reproduire en pensée,
actions, en paroles, par écrit ; et lorsque rien dans sa vie privée et publique, ne dénote le manque de formes, de con
nances, de politesse, d'égards dus, elle n'est pas une folle.

Un soldat, un caporal, un sergent, un officier, un officier supérieur ou général, qui après avoir acquis les connaissan
de son grade et de tous les grades, sait les reproduire en pensée, en actions, en paroles, par écrit ; et qui remplit tous
devoirs, quand même il serait blasphémé, persécuté, n'est pas un fou.

Un réprésentant de famille, de pays, de principauté, de royaume, d'empire, de partie du monde, de tout le genre huma
de son corps céleste de tous les corps célestes et de tout ce qui les peuple ; qui sait reproduire qu'il en est ainsi, en pens
en actions, en paroles et par écrit, quand même il serait rélégué parmi des foux, ne l'est pas.

A l'avenir, si je parviens à faire imprimer mes écrits, à expliquer les motifs qui m'ont forcé d'acquérir les connaissan
qu'ils renferment et les communiquer aux personnes et personnages de la présente génération du genre humain, il n'y a
plus de fous. Chaque mot, chaque phrase, chacune de mes pages, apprendra aux hommes, à ne point prendre les rêves,
songes, les visions, les hallucinations, pour des réalités ; et les réalités pour des rêves, des songes, des visions, des hallu
nations. Les médecins n'auront qu'à indiquer les moyens de surmonter les obstacles qu'il y a, car pour obvier au désor
de n'importe quelle gradation de la pensée ils doivent avoir le raisonnement et la raison, de même que pour obvier
désordre de n'importe quelle partie de l'être, ils ont les pharmacies et les instruments de chirurgie. (Avril 1859.)

Majestés Impériales et Royales, Messeigneurs, Messieurs, Mesdames.

Je crée, vous le savez, la véritable religion et si je parviens à l'instituer, le plus grand avantage en sera le résultat pour les personnes de toutes les nations et pour les polonais, car en vivant au milieu d'elles depuis des bien longues années, nous leur témoignerons toujours notre grande reconnaissance. Dans leurs petits et leurs grands séminaires, dans leurs écoles, leurs colléges, leurs lycées, leurs facultés, leurs universités, nous avons puisé les sciences qu'on y acquiert et en leur donnant les connaissances les plus indispensables, les plus utiles, nous ne devons point leur inspirer de la jalousie. N'ayant ni parents, ni amis, ni protection, ni notre gouvernement, nous nous sommes mariés quelquefois peu convenablement, souvent très-mal; mais ces femmes sont nos épouses, nous avons des enfants et si nous parvenons à sauver la Pologne, la suffisance de notre sol nous permettra de tirer du malheur ceux d'entre nos alliés qui s'y trouvent, à cause de l'insuffisance de leur sol. L'impression de mes écrits aurait donc dû avoir lieu, afin de nous en faciliter les moyens. Je leur aurais donné le titre du livre de vie, parce que les connaissances qu'on acquiert dans différentes mauvaises positions, ont toujours été, sont et doivent toujours être, la seule, la vraie, l'unique lumière des hommes. Je les ai acquises, ces connaissances, dans la meilleure école, celle du malheur et qui n'est telle que parce que dans peu de temps on y est forcé d'apprendre beaucoup et bien Les malheurs de la Pologne sont plus grands que ceux de n'importe quelle autre nation et comme c'est nous, ses émigrés qui les réprésentons dans leurs degrés les plus élevés et les derniers, en les exprimant dans un volume imprimé, il aurait pu être indispensable pour tous ceux qui les représentent à des degrés de moins en moins élevés, dans le bonheur même. Il y a des polonais qui réprésentent leur nationalité à des degrés plus élevés que moi, leurs souffrances et leur malheur sont très grands; mais je ne crois pas qu'ils soient poussés au point de réfléchir qu'eux et leurs enfants peuvent mourir de faim. Je me trouve dans cette position. Il aurait été à désirer qu'on eut bien voulu me procurer les moyens de faire imprimer et vendre mon ouvrage le livre de vie, au prix même ordinaire des libraires ou par souscription.

Majestés Impériales et Royales, Messeigneurs, Messieurs, Mesdames.

J'ose espérer, qu'il sera facile de réconnaître à présent, qu'il s'agit du salut ou de la perte du monde ! mais pour le sauver le salut de la Pologne est une chose d'autant plus indispensable, que le mot Pologne ne dérive pas seulement de pôle, champ, ne dérive avant tout du mot pôle. De même que le pôle du nord est le point de ralliement du salut pour tous les êtres, de même le salut de la Pologne doit être le point de ralliement de la plus grande attention, pour tous les émigrés polonais d'abord, puis pour tous les polonais et puis tout le genre humain et ses générations. Quant à la mise en exécution de ce projet, il n'y a jamais eu d'autres moyens, que le sabre et la plume. Cette dernière vaillance est digne de la vie de toutes les personnes, des polonais principalement, car leur langue étant la plus difficile, la plus perfectionnée, leurs pensées, leurs actes, leurs paroles, leurs écrits étant en rapport, ils ont les meilleures armes. En les dirigeant mal elles n'ont pu avoir que des mauvais résultats, en les dirigeant bien Iles ne peuvent que les avoir bons. Le nombre de polonais diminue chaque année, chaque jour, à chaque instant et ils n'ont été plongés dans des malheurs inouis, que parce qu'ils accordaient trop de confiance aux prêtres, romains, musulmans, protestants, schismatiques, juifs et autres et à ce qu'ils ont produit. La religion ce ne sont pas les prêtres, mais la religion c'est ce que j'ai eu l'honneur d'exposer. On devrait réfléchir, que depuis qu'on prononce le mot Dieu, on y a attaché les destinées de tous les êtres avant tout le salut ou la perte de tous les corps célestes et de tout ce qui les peuple, le salut ou la perte du monde ! Ce mot, ainsi que les mots : l'Eternel, l'Etre-Suprême, le Créateur vivant, Père, Fils et Saint-Esprit sain d'esprit) ne sont pas des noms mais des qualités et ma propriété, ne serait-ce que parce que c'est moi qui l'ai constaté, déterminé; et n'aurais-je fait que donner cette définition elle satisfait toutes les intelligences et sera admise partout. De même quand on dit au nom du Prince, du Roi, de l'Empereur, on le dit au figuré, de même quand on dit au nom de Dieu on ne peut le dire qu'au figuré. Savants et ignorants, ne sachant pas se rendre compte de ce qui se fait dans des corps célestes disent : Dieu le sait ; ce mot est donc une arme d'autant plus importante, qu'aujourd'hui toute personne sensée peut le comprendre et comprendre qu'il s'agit du salut ou de la perte du monde. On ne fait pas attention qu'il y a des propriétés intellectuelles qui valent mieux que toutes les autres propriétés ; que prendre connaissance du résultat des recherches de quelqu'un, c'est s'approprier ses pensées, s'éclairer ; et ne point les mettre en évidence au moyen de publicité et autrement, c'est les faire devenir en dernier ressort, l'apanage exclusif des personnes d'autant moins de valeur, qu'elles n'ont jamais. pensé, agi, parlé, écrit, qu'au nom d'un autre être ou de l'Etre-suprême. Je me serais résigné cependant à ce sacrifice, si je n'avais vu avec la plus grande peine, que depuis Pierre-le-Grand, tous les Saint-Pétersbourgeois ont un plan tracé de la domination universelle, qu'ils peuvent mettre en exécution en dirigeant en ce sens tout leur enseignement et toute leur publicité. Il faudrait pouvoir leur prouver, que si je dois partager mes propriétés intellectuelles et autres ce n'est avec personne autre, qu'avec mes enfants d'abord, puis avec des polonais leurs émigrés principalement et avec ceux qui souffrent. Mais et les polonais et les français et ceux d'autres nations, ne devraient point perdre de vue, que la vie des personnes vaut mieux que tous les papiers, bible, évangile, coran et autres ; parce que toute personne vivante qui peut comprendre qu'il s'agit du salut du monde, peut y contribuer et après l'avoir sauvé devenir, se proclamer même, son sauveur, sauveur du monde ! ·

Je craindrais d'abuser de la bonté de ceux qui me lisent en continuant à écrire en ce sens, mais je prie de vouloir bien envisager, que mes pensées et mes intentions sont bonnes, que l'espoir c'est la vie et que les bonnes pensées peuvent sauver les hommes, tandis que les mauvaises ne peuvent que les faire périr et faire périr le monde ! La lettre D écrite et imprimée à côté de mon nom, veut dire en abrégé le mot Dieu. (Mai 1859).

Majestés Impériales et Royales, Messeigneurs, Messieurs, Mesdames.

Je suis Comte, Marquis ou Duc dans mon pays, où j'avais un bien-être beaucoup plus grand qu'on ne peut se procurer avec 10, 15 et 20 millions en France. Dès mon enfance j'avais des gouverneurs, des domestiques, des calèches, des carosses, et j'ai fréquenté la société la plus choisie, la plus distinguée. Dans toutes les écoles, tous les colléges, tous les lycées, toutes les facultés, toutes les universités, où j'ai puisé l'instruction, j'ai fait des progrès grands, excellents, bons et très-bons, jamais d'autres. J'ai cru de mon devoir d'exposer ce qui précède, pour prier de vouloir bien envisager, que si je me résigne à subir le manque de formes, de convenance, de politesse, d'égards dus, à n'importe quel être, quel objet, cette résignation devrait cesser là où s'agit de l'avenir de mes enfants.

Partout par exemple, où on parle de moi, chaque fois que quelqu'un me demande, chaque fois qu'on parle de mes actions les plus irréprochables, les plus dignes d'éloges, on ne manque pas de dire, que je suis un fou, une cervelle détraquée, fellée, une foule d'autres choses, qui ne peuvent qu'aboutir à m'ôter tous les moyens de gagner mon pain de mes enfants. Dans tous les pays aux environs de   où j'ai fait des démarches pour me procurer poste, on en dit autant et comme on ne peut me rien reprocher dans ma vie privée et publique, on prend pour prétexte mes écrits.

Je peux assurer, que je n'aurais jamais mis la main à la plume, si je n'avais reconnu avec l'exactitude du calcul, qu'il s'agit du salut ou de la perte du monde !

Mes écrits de même que les écrits, de Kopernik, de Christophe Colomb, de Harvey docteur, de Fulton et de tant d'autres pourraient bien être reconnus pour les plus importants de l'époque. Et si des travaux d'une utilité incontestable n'ont jamais valu à leurs auteurs, que des persécutions, des tortures morales et physiques, que la mort, des regrets tardifs inutiles ; tous ceux qui savent lire et écrire, devraient se réunir pour faire cesser cet état des choses.

Ils n'auraient qu'à vouloir bien envisager de nouveau, que depuis qu'on prononce le mot Dieu, on y a attaché les destinées de tous les êtres, avant tout le salut ou la perte du monde !

Ce mot ainsi que les mots : chasseur, pêcheur, laboureur, ouvrier, artiste, marchand, fabriquant, négociant, banquier soldat, administrateur, homme des lettres, des sciences, des théâtres, avocat, pharmacien, médecin, noble et les autres mots ; ainsi que les mots : chevalier, baron, comte, marquis, duc, prince, roi, empereur, chef temporel et spirituel d'état étaient des mots, sont et peuvent devenir des qualités, des professions, des dynasties ; de même le mot Dieu est un mot peut et doit devenir qualité, profession, dynastie. Dieu donc doit toujours venir comme homme et non comme statue, tableau, relique, ou comme oiseau, animal, reptile, poisson, insecte ou végétal. Et de même que ceux qui ont prononcé ces mots, qui les ont érigés en qualités, en professions en dynasties, remplissaient et remplissent de missions de plus en plus élevées dans la création ou dans la vie ; de même Dieu aura pour mission suprême de révéler la destinée de tous les êtres, de tous les corps célestes, toutes les voies du salut pour les suivre et les voies de la perte pour les éviter. Je remplis cette mission, si cependant on veut me la contester on le peut, car j'ai appris depuis mon enfance que Dieu n'est jamais venu, ne vient, ni ne doit venir qu'en suivant la voie du malheur, appelée la voie de Dieu Aujourd'hui, je renouvelle, il ne peut encore venir que dans l'exil, qui est pire que la mort, parce que les premiers des premiers dans leurs pays sont moins que les derniers des derniers dans les pays où les malheurs dirigent leurs pas. L'exil cependant est le seul avenir réservé à tout le monde, plus peut-être à des français qu'à ceux d'autres pays, puisque M. l. baron de Waille, dans son rapport général d'extinction du paupérisme, a représenté à S. M. Napoléon III de faire émigrer 15 ou 20 millions de français. Cette position est palpitante d'intérêt, peut désoler toutes les familles et peut être éclairée résolue, en cherchant franchement, sincèrement, quelle est la destinée de tous les hommes, quelle est la destinée de tous les êtres, quelle est la destinée de notre corps céleste, de tous les corps célestes et de tout ce qui les peuple, quelles sont les voies du salut et les voies de la perte ?

Les hommes peuvent tout et peuvent disposer de tous les moyens pour le triomphe du bien.

Majestés Impériales et Royales, Messeigneurs, Messieurs, Mesdames.

La France n'a pu aboutir à son insuffisance du sol, qu'en étant victime des événements religieux, scientifiques et nationaux, passés, présents et à venir. En effet, dans la création et procréation de tous les corps célestes, il n'y a jamais eu rien autre, que des atômes de rien, de vapeur, de fumée, des nuages, des nébuleuses, des aérolithes, des comètes, des planètes, des soleils ; les êtres qui les peuplent n'ont jamais pu être autres, que ceux qui sont à l'époque de leur vie embryonaire ou intra-utérine, à l'âge de l'enfance, de la puberté, de l'adolescence, à l'âge adulte, viril, mûr critique, sénil et les autres âges : de même que dans la création et la procréation des êtres tout procède du petit au grand de même dans la création et procréation des corps célestes tout procède du petit au grand. L'expérience de la vie de tous les âges, toutes les pensées, tous les actes, toutes les paroles, tous les écrits, devraient confirmer qu'il en est ainsi et les érigerait-on en christianisme, en judaïsme, en islamisme, en protestantisme, en schismatisme, en spiritualisme, ce connaissances devraient constituer la seule, la vraie, l'unique religion, il n'y en a pas d'autre. Le calcul le plus exact, sa numération et toutes ses opérations devraient le prouver et les érigerait-on en arithmétique, en mathématique, en physique en chimie, en astronomie, elles devraient constituer la seule, la vraie, l'unique science générale, il n'y en a pas d'autre. L'extrême bonne foi, l'extrême résignation, l'hommage le plus sincère rendu à tous ceux qui nous ont précédé dans la vie, sur tous les points du globe terrestre et de tous les corps célestes, devraient le confirmer également et les érigerait-on en Judée, Grèce, Rome, France, Espagne, Italie, Suisse, Allemagne, Hongrie ou Pologne, elles devraient constituer la seule, la vraie, l'unique nationalité, il n'y en a pas d'autre.

Il a fallu qu'il en fut ainsi, car en tout il faut du temps, de l'expérience de la vie et ses ressources.

Le temps même a été nécessaire, pour faire devenir le globe terrestre, des atômes de rien, de vapeur, de fumée : nuage nébuleuse, aérolithe, comète, planète ; maintenant il devrait devenir soleil et ne deviendrait tel que lorsque les éboulement les incendies et les inondations devenues de plus en plus fréquentes, forceraient les hommes, à diriger les fils des télégraphes électriques, dans les cratères de 520 volcans actuellement existants afin de les entretenir à l'état permanent d'ignition d'évaporisation d'eau qui y aboutit et augmente de plus en plus. Lorsque l'insuffisance de notre soleil diminué, réduit en cendres, les forcerai à diriger les fils de ces télégraphes, d'autres appareils électriques, dans chaque rigole, chaque sillon terre cultivée, dans chaque grotte, chaque souterrain, chaque caverne, chaque mine, afin de suppléer au jour, à la nuit aux saisons et tout ce qu'elles produisent. Tant que le globe terrestre offrirait assez de place pour le cultiver et parcourir des espaces, les hommes y existeraient, mais une fois qu'il ne l'offrirait plus, ils disparaîtraient et les êtres inférieurs : les oiseaux, les animaux, les reptiles, les poissons, les insectes, dressés par eux, enseigneraient à leurs nouvelles générations les mettre en jeu afin de se procurer de quoi exister. Jusqu'à ce que le globe terrestre fut réduit à ses volumes de nébuleuse de nuage, d'atômes de fumée, de vapeur, de rien, les êtres inférieurs, les insectes à la fin les entretiendraient à l'état permanent d'ignition. Telle est la voie suivie dans la transfiguration de n'importe quel corps céleste devenu soleil.

L'insuffisance du sol actuelle devrait servir de leçon à l'avenir, pour faire apprendre aux hommes à remplir dignement la mission des représentants de leur globe terrestre, de tous les corps célestes et de tout ce qui les peuple. (Septembre 1859.)

Majestés Impériales et Royales, Messeigneurs, Messieurs, Mesdames.

En France l'insuffisance et plus qu'insuffisance du sol, a produit la faculté de penser, d'agir, de parler, d'écrire et circulation de la monnaie à des degrés plus élevés que partout ailleurs ; dans d'autres pays la suffisance et plus que suffisance du sol, ne les a produits, qu'à des degrés de plus en plus restreints et nuls. Toute personne qui voudra réfléchir

avenir du monde, ne peut que reconnaître, qu'à l'insuffisance du sol n'importe en quel temps, en quel lieu qu'elle se
produise, on ne peut obvier autrement, qu'en dirigeant l'attention de ceux qui l'habitent, vers l'acquisition des propriétés
dans d'autres pays du globe terrestre, à moins qu'il n'offrit plus assez de place pour le cultiver et parcourir des espaces ; la
résignation à la mort de soi et des siens devrait alors être la condition essentielle de la vie. Aujourd'hui cette faculté de penser,
d'agir, de parler, d'écrire doit être dirigée dans ce sens et dans le sens de procéder comme on devrait procéder envers des enfants qui voient tous les corps célestes, tous les actes de la création ou de la vie, mais qui ne peuvent ni les nommer ni les expliquer. Rien alors ne serait plus facile que de reconnaître, que de même que dans la création et procréation des êtres
tout procède du petit au grand, de même dans la création et procréation des corps célestes tout procède du petit
au grand. Ces connaissances jointes à d'autres connaissances exactes , seraient alors représentées par les grades
des chasseurs, des pêcheurs , des laboureurs et d'autres classes. Les personnes atteintes des maladies constitutionnelles héréditaires et autres, celles qui sont sous l'influence de la faiblesse, de la douleur, du désespoir, devraient
pouvoir les acquérir, dans des cérémonies, des chants, des paroles, des écrits sur les morts. Les grades d'élèves, des disciples,
d'élus, d'élus d'entre les élus et des maîtres d'enterrements devraient leur être conférés. Si les caractères imprimés
étaient absolument semblables à ceux dont on se sert en écrivant, n'importe quel livre pourrait servir de modèle d'écriture,
à tout âge on pourrait apprendre à écrire , se procurer de ces caractères et s'en servir pour faire valoir ses pensées, ses
actes, ses paroles et ses écrits ; même dans des écrits et des imprimés pareils à ceux que j'ai été obligé d'employer , pour
prévenir qu'il s'agit du salut du monde. Les parents traceraient à leurs enfants, leurs descendants, leurs familles, leurs
tribus ; à leurs villas, leurs villages, leurs villes ; à leurs communes, cantons, arrondissements, départements ; à leurs
cités, baronies, comtés, marquisats, duchés, principautés, royaumes, empires, parties du monde, à tout le genre humain
à ses générations ; toutes les voies de l'ordre du salut pour les suivre et les voies du désordre de la perte pour les éviter.
Les professeurs des petits et des grands séminaires, des écoles, des colléges, lycées, facultés, universités ; ceux qui forment
les sociétés savantes, les académies, les instituts ; seraient dépositaires , des écrits , des œuvres des familles éteintes ,
n feraient commerce et en emploiraient le produit pour donner de l'éducation, de l'instruction et des professions à des
orphelins, des enfants abandonnés et trouvés. Cela devrait être ainsi, car c'est au nom de la Bible, de l'Evangile, du Coran et
autres livres, qu'on s'est emparé de la direction des personnes, de leur conscience privée et publique, de toutes les pensées,
de tous les actes, de toutes les paroles, de tous les écrits, dès l'âge le plus tendre de l'enfance de la naissance même.
Ceux qui agissent en sorte n'ont d'autres occupations, d'autre profession , d'autre mission, que celle des inhumations, des
enterrements et pas plus ; mais ils ont toujours été tellement absorbés par l'ardeur de prouver, que chacune de leurs
étendues religions est la meilleure, qu'il ne leur a pas été possible de discerner ce qu'il y a d'indispensable et d'utile.
Les 1130 papes et leurs prêtres les remplissent, leurs fonctions devraient avant tout consister à veiller : que les cercueils,
les catafalques, les chapelles, les tombes et les tombeaux, soient construits en sorte, que les morts apparents puissent
prévenir qu'ils reviennent à la vie et recevoir les secours nécessaires. Ils devraient savoir exactement , au moyen des
registres, la minute, l'heure, le jour, le mois, l'année, le siècle, de chaque décès. Ce sont eux qui devraient enseigner :
que toute femme, tout homme, tout fils, tout parent, tout ami, qui fait une fausse déclaration de décès, prouve : que son
affection conjugale, filiale, son amitié et sa reconnaissance, sont nulles et ont dégénéré en haine, en vengeance. Sous le
point de vue d'intérêt elle ne peut que prouver l'idée d'entrer quelques heures plus tôt dans la jouissance des propriétés en
meubles et en immeubles du décédé et y entrer quelquefois en le faisant enterrer vivant. On voit que tout y est à instituer,
créer.
La noblesse seule, étant la dernière production des familles, des races, devrait avoir pour mission de diriger, de choisir
même, tout ce qui concerne l'enseignement, l'administration et l'organisation des hommes. Elle n'a déchu de sa mission, que
depuis que des princes, des rois, des empereurs ont livré la direction des personnes, de leur conscience privée et publique
et des morts, des enterremorts, à des prêtres et leurs papes.
Je suis obligé d'écrire ces choses là, parce que dans le malheur il devrait y avoir une solidarité comme il y en a une
dans le prétendu bonheur. La vie est une chose très sérieuse, toute personne qui peut comprendre qu'il s'agit du salut
du monde peut y contribuer et depuis bien longtemps on préfère la monnaie, d'autres objets de nulle valeur, à des personnes du plus grand mérite. L'exil est le seul avenir réservé à toutes les personnes, plus peut-être à des français , qu'à
ceux d'autres nations et on sait ce qu'on a à offrir aux émigrés, au moment même où ils accomplissent des actions du plus
grand mérite. À leurs enfants même, aux miens, j'en ai trois, mon aîné principalement, dès l'âge de 7 ans ne pouvait
paraître à la rue, au collége et ailleurs à   sans qu'on ne lui eût crié : meurt de faim ! Jésus-Christ, sans
qu'on lui ait craché à la figure, sans qu'on ne l'ait frappé et sans qu'on ne lui ait dit : ton papa est fou, une cervelle détraquée,
fêlée, une foule d'autres choses. Je me sentais la force de terrasser des lions, j'aurais pu souffleter, assommer, poignarder
ceux qui agissaient ainsi ; et si je ne l'ai pas fait c'est parce que à mon existence, à ma vie sont attachées les destinées de tous
les êtres, avant tout le salut ou la perte du monde. Moi seul je pourrais le sauver personne autre, quoique cependant
j'enseigne déjà à mes enfants et cette extrême résignation et les moyens de le sauver.

Majestés Impériales et Royales, Messeigneurs, Messieurs, Mesdames.
Il y a encore des anthropophages, des sauvages, des civilisés; et comme partout on parle du bien et du mal, il serait
désirer, qu'on voulût bien les mettre en évidence, afin de s'y reconnaître.
Les anthropophages ne sont et ne peuvent être que ceux, que l'insuffisance, la stérilité ou le manque du sol, forcent
nourrir de la chair de leurs semblables, pour entretenir la vie et la propager. Là ceux qui reconnaissent qu'il en est a
qui ne demandent pas mieux qu'à y renoncer, à être transportés dans des pays vastes , fertiles, productifs, ceux-là
représentent les degrés de plus en plus élevés dans le bien. Ceux au contraire qui ne le reconnaissent pas, qui préféreraient
dévorer jusqu'à leurs enfants et leurs femmes, ceux-là représentent les degrés de plus en plus bas dans le mal.
Chez les sauvages il y a bien suffisance et plus que suffisance du sol, mais on y croit que tous les moyens , même le
mensonge, les vols, les assassinats et les empoisonnements sont bons pour se procurer l'existence assurée, le bien-être,
des emplois, des grades, des titres , des honneurs, des dignités et des récompenses. Là ceux qui préfèrent y renoncer
mourir plutôt, ceux-là représentent les degrés de plus en plus élevés dans le bien. Ceux au contraire qui s'y plaisent
propagent, ceux-là représentent les degrés de plus en plus bas dans le mal.
Chez les civilisés il devrait y avoir suffisance, fertilité du sol, tous les bienfaits de la société. Là ceux qui emploient leur vie,
acquérir toute la bonne foi, toute la résignation, toutes les vertus, tous les talents, tous les génies, toutes les grandeurs
même ; ceux-là représentent les degrés de plus en plus élevés dans le bien. Ceux au contraire qui passent leur temps

a commettre des fautes, contracter des défauts, des vices, plonger dans les crimes, ceux-là représentent des degrés de plus en plus bas dans le mal.

Les êtres inférieurs ont bien des sens : de la vue, de l'ouïe, du toucher, de l'odorat, du goût, de la phonation, de la procréation ; au moyen desquels ils acquièrent : des rêves, des songes, des visions, des hallucinations ; ou des influences, des impulsions, des impressions, des sympathies, des sentiments, des passions. Parmi eux il y en a qui vivent 100, 2, 3, 4, 500, 1,000 ans et nécessairement ils emploient ce temps, à se rendre compte de tous les actes de la création ou de vie. Ils y parviennent et se communiquent ces connaissances dans leur veilles et leurs sommeils. Qu'ils vivent peu ou beaucoup ils apprennent que le feu, à tous les degrés d'électricité, de chaleur, de froid, est le seul moyen employé dans la création et procréation. Les corps célestes subissent ses effets mais ne peuvent ni le dire, ni l'écrire. Les hommes seuls peuvent le produire à volonté, peuvent tout dire, tout écrire et qu'on juge comme ils l'ont fait jusqu'aujourd'hui. Ce sont de très grands malheurs et ces malheurs sont au comble, les miens sont même tellement grands, que je suis obligé de me résigner à prévenir dans des correspondances non réciproques qu'il s'agit du salut du monde ! Il serait digne de tous les hommes de les faire cesser tous. (Juillet 1860.)

Majestés Impériales et Royales, Messeigneurs, Messieurs, Mesdames.

L'avenir de nos enfants nous est plus cher que la vie, l'avenir des nouvelles générations devrait être l'objet de notre plus vive sollicitude de chaque instant du jour et de nuit ; et si on voulait les faire exceller dans les lettres ou dans les langues, il faudrait les faire souvenir toute leur vie, qu'il y a 3,063 langues connues ou écrites et autant d'inconnues ou ç non écrites, qu'il y a des collections du genre humain qui les parlent. Que dans toutes les langues les voyelles sont voyelles seulement la voyelle, U, telle qu'on la prononce en français, existe dans la langue française et n'existe pas, dans toute les autres langues. Dans toutes les langues les consonnes sont consonnes, seulement la consonne, C, polonais existe dan beaucoup de langues et n'existe pas dans la langue française, espagnole et italienne. La consonne , CH , polonais existe dan beaucoup de langues même en espagnol où elle s'écrit comme J, et n'existe pas dans la langue française et italienne. L consonne L, polonais existe dans toutes les langues slaves du nord de l'Europe excepté chez les Czech de Bohême, qui son aussi des slaves. Ne pouvant enseigner à mes enfants à parler polonais, je leur enseigne à bien prononcer ces trois lettre C, CH, L, parce qu'elles existent dans l'alphabet polonais et parce que c'est la seule méthode de la bonne prononciation d toutes les langues. De même qu'il a fallu beaucoup de temps, pour produire le calcul aussi exact qu'il l'est aujourd'h et où, avec un zéro et neuf chiffres on peut désigner tous les êtres, toutes leurs fractions et faire toutes les opérations d calcul ; de même qu'il a fallu 6,000 ans de l'existence du genre humain , pour produire un alphabet, ou avec 2 lettres, moins même, on peut prononcer et écrire, toutes les lettres et tous les mots de toutes les autres langues.

Les lettres et les lettres réunies une à une, deux à deux, trois à trois , forment partout des mono, bi , tri , et d polissyllabes.

Dans toutes les langues un substantif est substantif, un article là où il existe article, un adjectif adjectif, un pronom pronor un verbe verbe, un participe participe , un adverbe adverbe, une conjonction conjonction, une préposition préposition, une in terjection interjection. Un substantif, un nom, un sujet, d'une proposition, d'une phrase, d'un discours, d'un traité, étant v riable , changeant de genre, de nombre, de terminaison; exige les mêmes changements dans tous les mots variables qui le co cernent ou le remplacent. Quand les enfants auront appris à s'exprimer exactement dans leur langue, ils n'auront qu'à fai leur version mot-à-mot en paroles ou par écrit, dans les langues qu'ils étudient et être surs, qu'elle est aussi exacte q dans la leur. Mais pour apprendre leurs langues, les nourrices, les parents, d'autres personnes, leur en enseignent les mo même pendant leurs repas, leurs jeux, leurs fêtes, leurs récréations, leurs vacances ; et plus tard lorsqu'ils sont oblig d'apprendre beaucoup d'autres choses dans des colléges et ailleurs, il faudrait que l'intelligence qui partout supplée à l'i suffisance des moyens, il faudrait qu'elle y suppléat. Le mieux qu'ils pourraient faire, c'est d'avoir toujours sur eu un petit cahier, un crayon, y faire autant de colonnes qu'ils apprennent des langues et y écrire leurs mots. En vo le modèle.

1º Le français.	2º Le polonais.	3º L'allemand.	4º L'espagnol.	5º Le latin.
La tête, s. f.	*Glowa.*	*Kopf.*	*Cabeza.*	*Caput, is.*

Si pendant leurs repas, leurs jeux, leurs fêtes, leurs récréations et leurs vacances ; ils avaient besoin d'y voir ou écrire mot, ils n'auraient qu'à les sortir et le faire. Il leur sera toujours permis d'avoir sur eux un petit cahier, un crayo mais il ne leur sera pas toujours permis d'avoir sur eux, des grammaires, des dictionnaires qui embarrassent. Auraient-ils ? 40, 60, 80, 100 ans, si le malheur ou le bonheur dirige leurs pas au milieu des personnes dont ils ne connaissent pas l langues c'est ainsi qu'il faut faire pour les apprendre le mieux, de manière à être compris de tout le monde. C'est ai aussi, qu'en 1845 dans 15 jours j'ai appris suffisamment l'arabe , pour faire mon service de santé, de la garnison et dépôt des prisonniers arabes au fort de l'île Ste-Marguerite. Mais me dira-t-on, tous les enfants voudront le faire, imiter, avoir le même avantage. Tant mieux ! cela serait tant mieux ! car aujourd'hui tous les enfants, tous les homm mêmes, sont victimes des préjugés religieux, scientifiques et nationaux et il faut leur tout donner. Tous les biens intell tuels et moraux d'abord, et puis, tous les biens matériels , l'univers entier, le monde ! Je prie de m'accorder la pe mission d'indiquer les moyens de les faire exceller dans les sciences. (Août 1860.)

Majestés Impériales et Royales, Messeigneurs, Messieurs, Mesdames.

Si on voulait faire exceller les nouvelles générations dans les sciences ou dans l'acquisition de toutes les connaissan il faudrait les faire souvenir, qu'avant d'apprendre à parler, elles avaient les sens : de la vue, de l'ouïe, du toucher, l'odorat, du goût , de la phonation, de la procréation ; au moyen desquels elles ont acquis , elles acquièrent et e acquerront : des rêves, des songes, des visions, des hallucinations , ou des influences , des impulsions, des impressions, sympathies , des sentiments, des passions ; et comme l'intelligence, partout est proportionnée au développement, à l'exer des organes , selon le degré du développement , de l'exercice, qu'elles leur feront atteindre, elles pourront donner à c intelligence une bonne ou mauvaise impulsion.

Avec leur sens de la vue, avec leurs yeux, elles peuvent voir toutes les parties du globe terrestre, tous les solid tous les liquides, tous les gazeux, tous les impondérables qui le composent; et tous les végétaux, tous les insectes, tous poissons, tous les reptiles, tous les animaux, tous les oiseaux et tous les hommes qui le peuplent. Avec leurs yeux e peuvent voir tous les corps célestes, tous les actes de la création ou de la vie et si elles ne se prennent pas elles mê et leur globe terrestre pour points de comparaison d'étude, de tous les corps célestes, elles n'auront aucun moyen

rienter, se reconnaître, de vérifier toutes leurs pensées, tous leurs actes, toutes leurs paroles, tous leurs écrits ; les pensées, s actes, les paroles, les écrits, de leurs semblables vivants et morts. Elles ne tarderont pas à reconnaître, que les inon-tions sont très-fréquentes et ne peuvent que les devenir de plus en plus, elles ne tarderont pas à reconnaître aussi, e l'électricité est le meilleur moyen d'évaporisation d'eau de sa réduction en gaz hydrogène et oxigène ; et comme ce nt les hommes qui disposent de tous leurs semblables, de tous les êtres, de toutes les parties du globe terrestre ; ils vraient être forcés de diriger peu à peu les fils des télégraphes d'autres appareils électriques perfectionnés ou non, dans cratères de 520 volcans actuellement existants, dans chaque rigole, chaque sillon de terre cultivée, dans chaque grotte, aque souterrain, chaque caverne, chaque mine ; afin d'éviter ces inondations et afin de se procurer et procurer aux es inférieurs de quoi exister. Elles feraient donc bien, de tout voir, tout lire, de bien étudier, de bien réciter leurs ons ; mais elles feraient encore mieux, de développer leur jugement, leur bon-sens, leur intelligence et leur esprit. esprit n'est autre chose que le choix qu'on fait, dans toute la création, dans toutes les pensées, dans tous les actes, ns toutes les paroles, dans tous les écrits, de ce qu'il y a d'avantageux.
Avec leur sens de l'ouïe, avec leurs oreilles, elles peuvent entendre, la parole, qui a été érigée en 3,063 langues nnues ou écrites et en autant d'inconnues ou de non écrites, qu'il y a des collections du genre humain qui les parlent ; es peuvent entendre le timbre de la voix, depuis celle de la plus profonde conviction, jusqu'à celle de l'incertitude et du ute le plus léger ; elles peuvent entendre toutes les harmonies, tous les sons, dont les solides sont les meilleurs propa-teurs, les liquides le sont moins et les gazeux le moins. La parole, le timbre de la voix et les sons, ne sont qu'un rps impondérable qui frappe le sens de l'ouïe.
Le toucher existe dans toutes les parties externes et internes de leurs corps. Quelles soient couchées, assises ou debout, es ne peuvent qu'être en contact médiat ou immédiat avec le globe terrestre que les impondérables parcourent dans une conde de temps. L'électricité est un de ces impondérables, le plus répandu, le plus actif, le plus puissant. A l'état feu, de flamme, d'étincelles, elle sert à la destruction des corps célestes, à leur réduction en cendres, en atômes, afin n produire d'autres corps célestes, d'autres êtres pour les peupler et leur faire atteindre la même destinée. A l'état de ntinuité ou de contiguité elle sert à pétrir, pétrifier, cristalliser, des êtres qui ont vécu. Chez les vivants, pendant le mmeil, elle produit : des rêves, des songes, des visions, des hallucinations ; pendant l'éveil, elle produit : des influences, s impulsions, des impressions, des sympathies, des sentiments, des passions, que les aliments excitants, salés, épicés, gmentent. Elles feraient donc bien, de ne mettre en contact avec leur canal alimentaire, que des laitages, des fruits, des umes, des chairs fraîches ou préparées, non faisandées, non salées, de l'eau ; car elles reconnaîtront que ces aliments nviennent le mieux à tous les âges et partout. Avec leurs jambes, leurs pieds, elles peuvent parcourir différentes parties globe terrestre, se mettre en rapport en contact avec des êtres vivants et morts, reconnaître leur état. Mais avec rs mains, elles peuvent saisir des morceaux de bois, des cailloux, des pierres, les frotter, les frapper, les battre ; oduire du feu, dont on se sert pour faire des instruments, avec lesquels on confectionne : des objets de chaussure, d'ha-lement, d'armement, du luxe, d'ameublement et autres, même les demeures des hommes. Avec leurs mains armées n crayon, d'un pinceau, d'une plume, elles peuvent dessiner, transmettre à des distances de plus en plus éloignées et mme espaces et comme temps, ce qu'on ne peut dire. Elles feraient donc bien d'apprendre la gymnastique, la marche, la urse, les sauts ; tous les exercices ; à dessiner, à écrire, mais elles feraient bien aussi d'apprendre à se modérer. Partout force doit être proportionnée à la résistance.
Avec leur sens de l'odorat elles peuvent flairer tous les objets, mais qu'elles prennent garde car il y a des inodores qui ent. Les traités sur l'agriculture, sur la culture, les traités de chimie, de distillerie, de parfumerie, expliquent les noms s odeurs ; ceux qui les étudient doivent les apprendre, les connaître.
Le sens du goût existe dans la partie antérieure et le sommet de la langue, il sert à distinguer les aliments, en bons, en uvais, en excellents et en nuisibles. Dans des voyages, des naufrages, des steppes, des sibéries ; on devrait s'exercer digérer des sauterelles, des limaces, des glands ; des végétaux, des insectes, des poissons, des reptiles, des animaux, s oiseaux crus ; plutôt que de se laisser aller à la faiblesse, la douleur, le désespoir et la mort. Les traités sur la paration des mets expliquent leurs noms, partout ailleurs on les appelle saveurs.
Le sens de la phonation existe dans le canal aérien, ses bronches et ses poumons. Si elles étudient ce qui s'y fait ndant leur repos, elles reconnaîtront, que le contact, le frottement et le choc de l'air, produisent l'inspiration et xpiration, ce qu'on a appelé la respiration. Il y a 7 respirations pour le lobe supérieur des poumons, autant pour moyen et inférieur, en tout 21 ; quand l'air y a pénétré partout, il y a un temps d'arrêt qu'on appelle le soupir. ne peut cracher, tousser, projeter un cri, prononcer une lettre, un mot, une proposition, une phrase, un discours, traité ; sans qu'il n'y ait : expiration, le choc de l'air contre les parois postérieurs et antérieurs des bronches ; ntre le larynx, contre les parois du gosier, contre la cloison et les parois du nez ; le contact de la langue contre la ûte du palais, contre les arcades dentaires et les dents : droites, antérieures, gauches et le contact des lèvres entr'elles les incisives supérieures. Elles feraient donc bien de respirer librement, d'avoir la poitrine saillante, non serrée, non ntrainte, car elles tomberaient malades.
Le sens de la procréation existe dans les parties qui sécrètent l'urine, les excréments et d'autres excrétions. Mises contact avec la terre cultivée, sur laquelle on sème des graines, on en retire des jardinages, des légumes, du blé, s fruits ; qu'on trouve bons, très-bons, excellents. Mais abstraction faite du sol, si chaque personne en dépose pour un ogramme par jour ou 10 quintaux par an, dans 10 ans elle en déposera pour 100 quintaux, dans 20 pour 200 ns 40 pour 400 dans 60 pour 600 dans 80 pour 800 dans 100 ans pour 1,000 quintaux. Elles bâtissent ainsi dans lointain des tombeaux pour elles et des berceaux pour les générations à venir. L'urine, les excréments et les lavres des êtres pétris, pétrifiés, cristallisés ; forment tous les corps célestes et donnent naissance à tout ce qui les uple. On ne peut creuser la terre à une profondeur plus ou moins grande, pénétrer dans un souterrain, une grotte, e caverne, une mine ; fendre un rocher, sans y trouver des végétaux, des insectes, des poissons, des reptiles, des maux, des oiseaux, des hommes, pétris, pétrifiés, cristallisés. Tous les hommes instruits savent que c'est l'élec-cité qui produit de ces effets, elle est répandue partout et est concentrée aux soleils, où les hommes et les êtres érieurs dressés à cet effet, l'entretiennent à l'état permanent d'ignition, afin d'assurer leur salut. C'est notre soleil fond les nuages, qui les fait tomber sous forme de pluie, de neige, de grêle, qui nous donne le jour, la nuit, saisons, tout ce qu'elles produisent, c'est-à-dire la vie, mais au soleil qui est-ce qui les donne ? Nécessairement st l'électricité, concentrée, entretenue à l'état permanent d'ignition, par des hommes, par des êtres inférieurs, par r intelligence dirigée dans le sens de leur salut, je le répète. Les soleils brûlent, diminuent, sont réduits en cendres donnent le jour, la nuit, les saisons, tout ce qu'elles produisent, c'est-à-dire la vie, à autant de planètes, de

comètes, d'aérolithes, de nébuleuses, de nuages, d'atômes, de fumée, de vapeur, de rien, qu'il y a dans leurs systêmes solaires.

Les femmes aussi ont des organes qui sécrètent l'urine, les excréments et d'autres excrétions. Vers l'âge de 21 ans, elles choisissent les hommes qui leur conviennent le mieux sous le point de vue, des qualités physiques, de l'éducation, de la fortune, et se marient; c'est-à-dire habitent les mêmes locaux, participent à leurs occupations, partagent leurs repas, leurs veilles et leurs sommeils. Dans les pays où il y a suffisance et plus que suffisance du sol, le jugement, le bon sens et l'intelligence des choses, indiquent aux parents, de marier leurs enfants même vers l'âge de 12, 11, 10, 9, 8 ans et les fiancer à 4 ans. Dans les pays où il y a insuffisance et plus qu'insuffisance du sol, on ne se marie que lorsqu'on a besoin d'aide pour le travail ou lorsqu'on a l'existence assurée, ne serait-ce que pour quelques mois, quelques années; c'est-à-dire vers l'âge de 30, 40, 50, 60, 70, 80 ans.

En France malheureusement, il y a insuffisance du sol portée au plus haut degré et j'étais obligé de conseiller à mes enfants, à mon aîné principalement, de faire tout son possible, pour entrer à 16 ans à l'école de St-Cyr ou à l'école polytechnique. Là à 19 ou à 23 ans il aurait pu avoir l'existence assurée. S'il avait voulu se marier il l'aurait pu, car la loi militaire exige qu'une femme ait une dot suffisante pour son entretien. Tant qu'il aurait resté célibataire les moyens d'étude et de distractions ne lui auraient pas manqué. Après 30 ans de service il aurait pu avoir la retraite.

Mais, me dira-t-on, à quoi lui sert le polonais et la Pologne? ah! voici à quoi. La langue polonaise étant la plus difficile, la plus perfectionnée, celui qui la sait a le moyen d'apprendre les autres langues, moins difficiles, moins perfectionnées, d'économiser son temps et l'employer : à vérifier toutes les connaissances, à vérifier l'ordre des choses tel qu'il est et doit être dans la création, à reconnaître, qu'il s'agit du salut ou de la perte du monde! veiller à son salut. Mais il y a encore ceci : Les russes sont mécontents de leur gouvernement et veulent le changer. S. M. I. Alexandre II sait cela et veut les en empêcher. Cependant les traditions, les annales et les histoires des peuples, sont là pour attester, que s'il est permis aux présidents des républiques, aux Ducs, aux Princes, aux Rois, aux Empereurs, aux Papes, d'employer tous les moyens pour empêcher les peuples de réclamer leurs droits, il n'est pas moins permis aux peuples de les employer pour y parvenir. Ces moyens n'ont jamais été autres que des assassinats, des empoisonnements et d'autres moyens de destruction des familles régnantes ou des familles du peuple. Les polonais seuls n'ont jamais employé que la résignation, que le raisonnement et la persuasion ; continuer à les exterminer, c'est vouloir étouffer jusqu'à l'instinct de conservation des personnes, des êtres et du monde! Si cependant le monde pouvait encore être sauvé, si ceux qui ont perdu cet instinct de conservation pouvaient encore le recouvrer, ils ne le pourraient qu'en cherchant à s'éclairer, en cherchant la vérité et le bien. (Septembre 1860.)

Majestés Impériales et Royales, Messeigneurs, Messieurs, Mesdames.

Il s'agit du salut du monde, de votre salut du mien et il serait à désirer qu'on voulut bien me juger comme on voudrait se juger soi-même ou être jugé à ma place.

Si on reconnaissait qu'il y eût une ou plusieurs familles, ayant de la place pour se loger, des propriétés à peine suffisantes pour se nourrir, qui engageassent toutes les familles à venir loger, se nourrir et passer toute leur vie chez elles? on dirait et on écrirait partout, que le manque de jugement, de bon-sens, d'intelligence, de conscience du bien et du mal, ne peut que les amener et ceux qui s'y fieraient, à mourir de faim, de maux, des maladies de toutes sortes et on aurait raison.

Si on reconnaissait encore, qu'il y eût une ou plusieurs nations, ayant à peine de quoi loger, nourrir la moitié, le tiers, le quart, le cinquième, le dixième, le onzième, le douzième de leurs populations ; qui engageassent toutes les nations à venir loger, se nourrir et passer toute leur vie chez elles, on en dirait et on en écrirait autant et on aurait raison.

Mais si on reconnaissait que dans toutes les familles, dans toutes les nations, dans tout le genre humain et ses générations, on n'accorde l'existence la plus triste, la plus douloureuse, la plus désespérée ; qu'à condition de soumettre toutes ses pensées, tous ses actes, toutes ses paroles, tous ses écrits; aux souvenirs de ceux qui nous ont précédés dans la vie, il y a 1,000, 2, 3, 4 ou 5,000 ans, nécessairement alors, le mieux qu'on aurait à faire, c'est d'en rechercher, les causes, les motifs. S'il fallait vérifier toutes les connaissances et vérifier l'ordre des choses tel qu'il est et doit être dans la création, on devrait le faire. Et si on reconnaissait qu'il s'agit du salut du monde! n'aurait-on que quelques pièces de cinq francs, on les dépenserait pour en prévenir ses semblables. C'est ce que j'ai fait.

Tant que je pouvais dépenser 10, 20, 30, 40, 50, 100, 2, 300 francs pour en prévenir dans des imprimés, je l'ai fait; à présent je ne le peux plus, car j'ai trois enfants et je ne gagne même pas de quoi leur donner de l'éducation, de l'instruction et des professions. Je ne peux le faire que dans quelques lettres et ériger cette manière d'agir de ma part, en folie, en manie d'écrire, c'est se priver et priver tout le genre humain du seul moyen qu'il y ait de prévenir de n'importe quel danger.

Tant qu'à n'importe quel âge, n'importe quelle position on n'aura pas ce droit, tant que les caractères imprimés ne seront pas absolument semblables à ceux dont on se sert en écrivant, tant que n'importe quelle personne n'aura pas le droit de se les procurer et s'en servir, pour faire valoir ses pensées, ses actes, ses paroles et ses écrits, même dans des écrits, et des imprimés, pareils à ceux que j'ai été obligé d'employer pour prévenir qu'il s'agit du salut du monde! le genre humain n'aura aucun moyen d'émancipation du pouvoir absolu des prêtres, qui tel qu'il est aujourd'hui, entre les mains des Présidents des républiques, des Ducs, des Princes, des Rois, des Empereurs, érigés en Papes, n'a aucune raison d'être.

Les imprimeurs qui presque tous deviennent des journalistes, les journalistes, les colporteurs, les libraires, les éditeurs; y trouveront le même avantage que trouvent ceux qui achètent les produits du sol chez ceux qui le cultivent ou le possèdent.

A toutes les époques de l'existence du genre humain, il y a eu des moments où ses générations entières étaient sur la pente de leur perte, j'ai la conviction de connaître, de suivre toutes les voies du salut et il est de mon devoir de prier, de m'accorder la permission d'indiquer quelle doit être la mission et le devoir des personnes d'élite aujourd'hui.

Les personnes d'élite devraient avoir l'habitude de juger, de l'importance de n'importe quelle pensée, quel acte, quelle parole, quel écrit, et il me semble que rien ne devrait leur être plus facile que de reconnaître, s'il est vrai ou non qu'il s'agit du salut ou de la perte de tous les corps célestes et de tout ce qui les peuple, du salut ou de la perte du monde. Si elles voulaient acquérir ces connaissances dans la création ou dans la vie, elles le pourraient, seulement les 6,000 ans d'existence du genre humain, sont là pour attester, qu'il faudrait que chacune d'elles naquit et mourut dans la même position où je suis né et dois mourir. Si elles voulaient reconnaître les difficultés qu'il y a à surmonter dans leur acquisition et leur exposition dans des écrits de plus en plus exacts, il faudrait nécessairement qu'elles voulussent bien me procurer les moyens de les publier. Si telle était leur intention, il faudrait encore, qu'elles voulussent bien avoir la même indulgence pour moi, qu'on a toujours eu pour ceux qui n'ayant rien autre à faire qu'à écrire, corrigeaient leurs œuvres jusqu'à 2, 3, 4, 5, 10, 11, et 12 fois.

Toutes les questions, tous les problèmes, toutes les opérations mentales pourraient alors être résolues de la manière la plus satisfaisante.

Pour obvier à l'insuffisance du sol actuelle, par exemple, la France a 16 billions d'effets de commerce, 4 billions de monnaie, elle peut les faire circuler 2, 3, 4, 5, 10 fois par an, acquérir des propriétés sur tous les points du globe terrestre et y fonder autant des collections françaises de personnes qu'il faut. Mais elle n'y parviendra jamais si elle ne mets pas en évidence l'ordre des choses tel qu'il est et doit être dans la création ou dans la vie, et si elle n'avoue pas franchement, sincèrement qu'elle n'a abouti à son insuffisance du sol qu'en étant victime des événements religieux, scientifiques et nationaux, passés, présents et à venir. Ces victimes existent aujourd'hui partout et en agissant ainsi elle acquerait leur appui, leurs sympathies. Les émigrés espagnols, italiens, suisses, allemands, hongrois, polonais en sont victimes au-delà de toute expression, la plupart y demeurent depuis longtemps, sont mariés, y ont des enfants et pourraient devenir des agents les plus intelligents, les plus actifs, les plus dévoués.

Ceux même qui ne savent ni lire ni écrire, comprendraient bien vite, que le bien-être, les emplois, les grades, les titres, les honneurs, les dignités et les récompenses devraient être coordonnés à l'extinction des familles. C'est ainsi qu'on peut comprendre que beaucoup de personnes d'entre les Chasseurs, les Pêcheurs, les Laboureurs, les Ouvriers, les Artistes, les Marchands, les Fabricants, les Négociants, les Banquiers, les Soldats, les Administrateurs, les hommes des lettres, des sciences, des théâtres, les Avocats, les Pharmaciens, les Médecins, les Nobles ; devraient déjà être érigées en qualités, en professions, en dynasties : des Chevaliers, des Barons, des Comtes, des Marquis, des Ducs, des Princes, des Rois, des Empereurs, des Chefs temporels et spirituels des états et de Dieu. C'est ainsi aussi, qu'on peut se rendre compte comment il se fait, qu'après 89 des personnes qui savaient à peine lire et écrire ou le savaient à des degrés élevés devenaient : des Chevaliers, des Barons, des Comtes, des Marquis, des Ducs, des Princes, des Rois et Empereurs. Les grades des chefs temporels et spirituels des états ne devraient être accordés qu'à ceux qui sauraient coordonner l'enseignement privé et public à l'intelligence des choses. Le grade de Dieu ne devrait être accordé qu'à celui, qui après avoir reconnu qu'il s'agit du salut ou de la perte du monde ! saurait indiquer les moyens de le sauver et y veiller.

Que le globe terrestre devienne soleil ou ne le devienne pas, les éboulements, les incendies et les inondations, devenus de plus en plus fréquents, détruiront des contrées entières et les familles qui les peuplent. Leurs débris devraient avoir droit à l'hospitalité coordonnée, proportionnée, aux degrés de la faiblesse, de la douleur, du désespoir, qu'on est obligé de surmonter dans cette position, pour se procurer de quoi exister, apprendre et exercer des professions. Les émigrés étant dans la même position devraient avoir le même droit. Ceux qui leur accordent l'hospitalité devraient reconnaître les premiers, que de tout temps les émigrés ont été victimes de l'ignorance, de la méchanceté des hommes, de leurs disputes religieuses, scientifiques et nationales. Qu'à l'ignorance on ne peut opposer que l'expérience de la vie et ses ressources ; à la méchanceté on doit toujours opposer la bonté, mais la bonté armée de l'énergie, de la vigilance, de tous les moyens que les méchants emploient pour la destruction et la perte et les bons pour la conservation et le salut ; les disputes religieuses, scientifiques et nationales, cesseront aussitôt, qu'on mettra en évidence : ce que c'est que la religion, ce que c'est que la science, ce que c'est que la nationalité ?

Partout aujourd'hui il y a à détruire, à combattre des préjugés. Les personnes d'élite doivent au moins en reconnaître l'urgence, si non s'en imposer la tâche, la mission et le devoir ; mais avant tout elles devraient reconnaître que n'importe à quel âge, n'importe quelle position, on devrait avoir le droit de communiquer le résultat de ses recherches dans des lettres, des écrits, des imprimés. (Janvier 1861.)

Majestés Impériales et Royales, Messeigneurs, Messieurs, Mesdames.

Je voudrais me sauver, sauver les personnes d'élite et le monde ! ne serait-ce que des préjugés les plus grossiers dans lesquels ils plongent. S'il fallait des observations scientifiques et autres, je pourrais en fournir tant qu'il faudrait, car n'ayant jamais pu compter que sur moi, il m'a fallu non seulement me bien souvenir de toutes les ressources que les siècles ont produites, mais encore puiser dans la création ou dans la vie, les moyens les plus simples de réussite, pour me procurer de quoi exister.

Ainsi par exemple, qui travaille ne peut qu'être fatigué, si étant fatigué il continue de travailler il ne peut que devenir malade, si étant malade il travaille toujours, il ne peut que mourir ou souffrir toute sa vie.

Je sais aussi qu'aujourd'hui, on travaille beaucoup et on mange peu, les aliments réparateurs de la perte de substance n'étant pas en rapport avec cette perte, je suis obligé de supprimer la diète. Une 2, 3, 4, 5, soupes par jour rien autre, continués pendant 5, 10, 15, 20 jours, me font éviter chez des malades, des insomnies, le délire, des irritations d'entrailles, de la poitrine et d'autres organes. Les fièvres idiopatiques, symptomatiques, remittentes, intermittentes, traumatiques et autres, cessent bien souvent sous l'action du décocté de seigle ergoté seul ou associé au sirop d'iodure de potassium, de fer, de sulfate de quinine, d'acétate de morphine, de ratanhia et à d'autres médicaments. Les points douloureux qui les accompagnent ou les suivent, cessent aussi bien souvent, sous l'action des médicaments convenables employés à l'extérieur.

J'ai en même temps un moyen bien simple de faire surmonter la douleur, mais que des préjugés religieux, scientifiques et nationaux, me forcent de n'employer que pendant les accouchements ; il consiste à exciter le clitoris, à travers les lèvres de la vulve, pendant que les douleurs continuent ou ont cessé ; les douleurs de l'enfantement changent en plaisir analogue à celui du coït, les organes sexuels sont mis en jeu et l'accouchement a lieu.

. Il est permis dans les ménageries d'exciter les parties génitales, des chacals, des loups, des ours, des tigres, des lions, des aigles, des vautours, d'autres oiseaux pour les apprivoiser et gagner sa vie, il devrait être permis aux médecins d'exciter les parties génitales des malades pour leur faire surmonter la douleur.

De tout temps il y a eu des ignorants et des savants. Les ignorants ont bien l'expérience de la vie et ses ressources mais ne peuvent point s'en servir, les savants ne les ont pas, ne peuvent point s'en servir, et ne peuvent entendre prononcer un mot, exposer une pensée, sans dire, ah ! y a 1, 2, 3, 4, 5, 10, 100, 1,000, 2, 3, 4, ou 5,000 ans, que des français, des latins, des grecs, des hébreux ont écrit sur tel ou tel autre sujet. Le nec plus ultra de leur science, ne peut qu'aboutir à dire, que les arabes et les chinois ont écrit là dessus ; les arabes cependant manquent de la lettre

E, dans leur alphabet, les chinois de quatre autres lettres, rien qu'en les coordonnant à la valeur des lettres de l'alphabet français; les uns et les autres ne deviendront compréhensibles que lorsqu'ils écriront autant de lettres qu'on prononce. Et les ignorants et les savants, ne deviendront nécessaires, indispensables, utiles, que lorsqu'ils sauront se servir de leur expérience de la vie, de ses ressources et non des livres et d'autres objets, qui bien souvent ne sont qu'un très-grand embarras.

Majestés Impériales et Royales, Messeigneurs, Messieurs, Mesdames.

Le plus grand danger qui menace les générations présentes et à venir consiste sans contredit, dans le préjugé qu'on a aujourd'hui, de condamner le résultat des recherches les plus sincères, les plus consciencieuses, sous prétexte que ce ne sont que des vaines théories. Rien ne serait plus facile que de le détruire, si on voulait bien envisager : que lorsqu'on apprend le calcul, on apprend sa théorie au degré d'acquisition de la pensée; lorsqu'on apprend à représenter l'ordre qui y est suivi, par des êtres et des objets on apprend sa théorie au degré de sa mise en exécution, en action; lorsqu'on apprend à l'exprimer dans des lettres, des mots, des propositions, des phrases, des discours, des traités, on l'apprend au degré de son exposition en paroles ; lorsqu'on apprend à le transmettre à des distances de plus en plus éloignées et comme espaces et comme temps, on l'apprend au degré de son exposition par écrit. Maintenant le calcul peut être complet, incomplet, exact, inexact, rien de plus facile que de s'en convaincre en le vérifiant ; on doit procéder de même à l'égard de n'importe quelle autre connaissance.

Dans les lettres ou les langues, là où 1, 2, 3 lettres manquent, on est dans la même position où on serait, si dans le calcul actuel les chiffres 2, 3, 4 je suppose, manquaient. Tous les 20, les 120, les 200, les 2,000, les 20,000, les 200,000, les 2,000,000, les deux billions etc., manqueraient; il en serait de même des chiffres 3 et 4. Dans les sciences ou dans l'acquisition des connaissances, là où un, deux, trois sens manquent, toutes les connaissances qu'on acquiert avec ces sens ne peuvent que manquer.

Quel est le moyen d'y obvier ? il n'y en a pas d'autre, que de remplacer les personnes qui manquent de ces lettres et de ces sens, par celles qui les ont. Y en a-t-il d'autres ? non.

Car dans les lettres ou les langues, on cherche à remplacer les lettres qui manquent par celles qu'on a, mais on n'a obtenu que des résultats tout-à-fait déplorables. Dans la langue arabe par exemple, la lettre E, écrite manque, on cherche à la remplacer par la lettre A, qu'on écrit comme I mais on n'a obtenu d'autre résultat, que celui de la faire prononcer tantôt comme A, tantôt comme E, tantôt comme I, tantôt comme O, tantôt comme ou, tantôt comme Y. La lettre B même au milieu des mots se prononce, comme ab, eb, ib, ob, oub, yb ; ou comme ba, be, bi, bo, bou, by. Il en est de même de toutes les autres lettres et les mots s'y écrivent par ces lettres à plusieurs valeurs dont le nombre est moindre que celui qu'on prononce. Cette langue donc et toutes celles où il manque 1, 2, 3, 4 lettres, sont incomplètes, inexactes, insuffisantes, tout doit y être soumis à l'exactitude du calcul, institué, créé. Il y a 1,000, 2, 3, 4 ou 5000 ans, les exigences la vie étant tout autres, les connaissances pouvaient être telles qu'elles sont; mais aujourd'hui, avec les télégraphes électriques, les chemins de fer et les bateaux à vapeur, tout y étant soumis à l'exactitude du calcul, toutes les connaissances doivent l'être. Dans le cas contraire ceux qui savent lire et écrire ne peuvent qu'être dupes de ceux qui ne le savent pas, car ces derniers en général calculent beaucoup mieux qu'on ne croit, tout en se souciant fort peu de savoir si c'est de la numération, de l'addition, de la soustraction, de la multiplication, de la division ou tout autre opération mentale du calcul qu'ils font. Passer sa vie, à commenter, à prôner, les écrits de ceux qui nous ont précédé dans la vie, c'est compter sa personne, ses enfants, ses descendants, pour rien, pour zéro, pour néant; je ne crois pas que telle soit l'intention de ceux qui me lisent.

Dans les sciences ou dans l'acquisition de toutes les connaissances, on cherche aussi à remplacer les sens qui manquent par ceux qu'on a, mais on n'a obtenu que des résultats absolument semblables et pires encore. Les aveugles par exemple, cherchent à remplacer leur sens de la vue, par le sens de l'ouïe, de l'odorat, du toucher, par d'autres sens ; même par des livres, des statues, des tableaux, des reliques, par des lunettes, par d'autres objets ; mais pour se conduire dans des espaces explorés et inexplorés, il leur faut de ceux qui y voient. Là aussi tout est incomplet, inexact, insuffisant, tout doit y être soumis à l'exactitude du calcul, institué, créé.

J'ose espérer qu'on reconnaîtra facilement à présent, si les dangers que j'ai signalés sont réels ou non et si les résultats de mes recherches sont des théories vaines. (Février 1861.)

Majestés Impériales et Royales, Messeigneurs, Messieurs, Mesdames.

En 1839 en me livrant à des recherches ayant pour but de vérifier toutes les connaissances et vérifier l'ordre des choses tel qu'il est et doit être dans la création, je fus atteint de la fièvre cérébrale, qui a duré deux mois environ. Si j'avais été dans ma patrie, dans ma famille ou marié à cette époque, j'aurais eu les soins qu'on a chez soi ; n'y étant pas et ne l'étant pas, je n'ai pu avoir d'autres soins que ceux d'un hôpital et d'une maison de santé où j'ai demeuré près d'un mois. Mais depuis lors, chaque fois que j'ai eu n'importe quel succès on n'a pas manqué de dire, que je suis un fou, une cervelle détraquée, fêlée, une foule d'autres choses, qui ne peuvent qu'aboutir, je le répète, à m'ôter tous les moyens de gagner mon pain et le pain de mes enfants.

En 18   par exemple, un Maire d'un petit pays, fils d'un empoisonneur, père d'un voleur, sachant à peine signer son nom, capable de tout pour quelques pièces de cinq francs, ayant une haine innée contre tout ce qui porte la particule De, ou a une supériorité intellectuelle et autre, s'était servi de ce moyen pour faire refuser par un sous-préfet, la somme de 1,000 francs que sa commune m'accordait pour des soins gratuits à toute la population, laquelle somme a été le point de départ de sa fortune, qui d'un rien qu'elle était, s'élève à quelques dizaines de mille francs. J'avais dédaigné ce Maire et ses moyens de s'enrichir et je fus m'installer dans un autre pays, où en 18   je débutai par le succès de l'opération de la pierre chez un enfant de cinq ans, chez lequel son père m'a dit, que 8 médecins renommés n'avaient pu ni déterminer la maladie, ni la guérir. Là aussi il y a un médecin, qui par sa conduite indigne désolait tous les cœurs honnêtes, faisait 5 ou 600 avortements par an, en riait tournait au ridicule tous les médecins qui ne les faisaient pas, moi le premier. Il osa porter plainte en calomnie contre moi et en fut quitte pour six mois de prison, d'où il n'est sorti que parce qu'aujourd'hui, quand même tous les médecins avorteraient, tous les tribunaux et tout ce dont ils disposent, ne pourraient en atteindre un, parce qu'il leur faut deux témoins ; et quel est le médecin qui ira en prendre deux au moment de faire avorter, quelle est la femme qui ira en prendre deux au moment de se faire avorter, lorsque l'un et l'autre savent qu'il y a pour eux 5, 10, 15, 20 ans de travaux forcés ? Les malfaiteurs et leurs complices cependant, valent mieux que les braves gens et l'autorité; ils se soutiennent, se jetteraient au feu pour se soustraire à la rigueur de la justice et emploient tous les moyens de vengeance. A   que j'ai quitté, ils auraient même porté atteinte à ma réputation de parfait honnête homme, si je n'en avais prévenu M.   Procureur impérial qui me fit venir dans son bureau et me dit : « Vous êtes parfaitement dans votre droit et pouvez en faire ce que vous voudrez. » A   que j'ai quitté également, leur vengeance m'a précédé et m'accompagne partout. Des parleurs, des cancanneurs, des gueulards, ne cessent de répéter sur des places, dans des chambrées, des cabarets et partout, que là j'ai dénoncé M. le Maire, que je veux bouleverser l'ordre tel qu'il est, une foule d'autres choses et cela, parce qu'en me conformant à l'ordre ministériel de M. le Préfet, il était de mon devoir de signaler, que dans beaucoup de petits pays, on a l'habitude non seulement de devancer de beaucoup les inhumations, mais encore de faire de fausses déclarations de décès.

Cette manière d'agir est un guet-apens continuel au moral, comme les embûches et les agressions sont des guet-apens au physique. La plume est une arme, il devrait m'être permis de m'en servir pour défendre ma dignité, mon honneur et ma réputation, qui sont autrement chers que la vie; comme il m'est permis de me servir, des poignards, des épées, des pistolets, des fusils, pour défendre ma personne.

Je n'ai ni parents, ni amis, ni connaissances, ni compatriotes, ni prôneurs; personne pour me soutenir, me recommander, me défendre; mais à toutes les époques de ma vie j'ai fait dans mes études des progrès grands, excellents, bons et très-bons, jamais d'autres; j'ai fait des cures et des opérations qui feraient honneur à tous les médecins passés, présents et à venir; et je serais infiniment reconnaissant si on voulait bien me procurer les moyens de faire imprimer et vendre mes écrits, aux prix même ordinaires des libraires ou par souscription. Comme avant tout il s'agit du salut du monde! je serais le plus reconnaissant si on voulait bien me procurer les moyens de le sauver. (Mars 1861.)

Majestés Impériales et Royales, Messeigneurs, Messieurs, Mesdames.

Je suis obligé de changer souvent de pays et ce changement continuel, étant le seul avenir réservé à tous les hommes honnêtes, bons, laborieux, studieux, ceux qui me lisent devraient chercher les moyens d'y obvier.

Tout le monde sait que, depuis 1827, plusieurs gouvernements avaient chargé l'Académie de médecine de Paris, d'élaborer un projet d'organisation médicale. Ces Messieurs, après avoir délibéré bien longtemps, ont déclaré le mal sans remède, qu'il n'y avait rien à faire. Cette décision prise à l'égard de n'importe quelle autre classe de la société, aurait signifié sa ruine et sa perte inévitable; prise par des médecins à l'égard des médecins, elle ne peut signifier autre chose, à cette différence près, qu'ils ont agi comme agissent ceux qui se sentant perdus, refusent des soins et des consolations. Depuis lors, la pensée appliquée à l'étude de l'humanité souffrante ou non, de ses semblables et de soi-même, la médecine telle que les exigences de la vie l'ont faite aujourd'hui, n'est exercée que par des médecins isolés, par ceux principalement, qui n'ont ni parents, ni amis, ni connaissances, ni compatriotes, ni prôneurs; ou qui en les ayant sont pires que s'ils ne les avaient pas. Ceux qui les ont, de suite après avoir reçu leurs diplômes, sont saisis d'un subit découragement, du dégoût, du mépris et ne se résignent à exercer leur profession, que dans l'espoir de devenir : membres des conseils municipaux, des arrondissements, des départements; médecins des hôpitaux, des autorités et d'autres personnes. Une fois là ils peuvent compter sur un certain avenir, sur un certain gain, hors de là jamais.

Que ne dirait-on pas des soldats, des caporaux, des sergents, des sous-lieutenants, des lieutenants, des capitaines, si après avoir acquis les connaissances de leurs grades et de tous les grades, ils étaient forcés de recourir à d'autres connaissances, vivre même au milieu d'autres personnes que celles de leurs classes des soldats, pour se procurer, non l'existence assurée des soldes, des retraites, mais de quoi exister ? On les plaindrait beaucoup, mais ceux qui les réduiraient à cette extrémité prouveraient qu'ils n'ont jamais eu, ni jugement, ni bon sens, ni intelligence, ni conscience du bien et du mal. Telle est cependant la position des médecins aujourd'hui, elle est réservée à toutes les classes de la société, car le sol français n'a jamais produit de quoi nourrir que le douzième de sa population et il y a eu 5, 10, 15, 22 et 37 ou 38 millions. De tout temps de Lombardi on y a fait Lombard, de Pellegrini Pellegrin, de Boyeri Boyer, de Tourneli Tournel, de Honorati Honorat, de Gareli Garel, de Garieli Gariel, de Blacassi Blacas, de Aillaudi Aillaud, de Barbarroussi Barbarroux, de Bondili Bondil, de Chaudoni Chaudon, de Roussi Roux. A Toulon il y a une famille Marcinowski dont on a fait Martin, dont les enfants ne savent lire ni écrire en polonais; à Marseille il y a depuis longtemps une famille Ziemski dont on a fait Ziem. Des Allemands qui proféraient des exclamations o mein got! mein got! on en a fait des Mingots. Notre avenir est donc tel, que de la famille Czartoryski on fera non pas Czart, car on ne peut y prononcer Cz, mais Chart, de la famille de Zamoyski Zam, de Walewski Wal, de Branicki Bran, etc. Dans les pays où il y a suffisance et plus que suffisance du sol, en prolongeant les noms on prolonge la vie des personnes et des familles, dans les pays où il y a insuffisance et plus qu'insuffisance du sol, en raccourcissant les noms on raccourcit la vie de ces personnes et de ces familles. Cette dernière position cependant, est encore préférée, car là au moins, on a la faculté de penser, d'agir, de parler, d'écrire; chercher à s'en rendre compte, chercher les moyens d'y obvier, se plaindre même; tandis que dans d'autres nations on ne peut le faire qu'en risquant d'être chassé, emprisonné ou tué.

Et si faible que soit déjà cette ressource elle ne peut qu'échapper, si on ne fait pas attention que ce sont les Présidents des républiques, les Ducs, les Princes, les Rois, les Empereurs érigés en Papes ou non et les Papes, seuls, qui ont le pouvoir d'ériger en monnaie n'importe quel objet; et s'ils ne font pas attention que la monnaie n'est rien par elle-même, que sa circulation seule facilite toutes les consommations, tous les travaux, toutes les opérations, ils ne peuvent qu'aboutir à leur ruine, leur perte et la perte du monde !

Qu'un   un   que tous les autres banquiers, qui disposent de toute la monnaie, de tous les billets de banque, de tous les effets de commerce, qui savent les faire circuler autant de fois qu'il faut, qu'il leur plaise de publier aujourd'hui, demain, après demain, qu'ils peuvent donner : 2 francs par jour à chaque valet de ville, 3 francs à chaque conseiller municipal, 4 francs à chaque adjoint, 5 francs à chaque maire de commune, 10, 15, 20, 25 francs par jour à chaque maire de canton, d'arrondissement, de département et de chaque capitale; cent, 2, 300 fr. à chaque sous-préfet de 3e, 2e et 1re classe, 4, 5, 600 francs à chaque préfet, 7, 8, 900, 1,000 francs par jour à chaque membre des conseils des Etats, des chambres des députés, des sénats et chaque ministre. Cinq, 10, 20, 30, 40, 50, et 100,000 francs par jour à chaque Président de république, chaque Duc, chaque Prince, chaque Roi, chaque Empereur et chaque Pape. Qu'à chaque prêtre, chaque soldat, chaque employé des gouvernements, ils peuvent augmenter la solde, la retraite dans les proportions de 2, 3, 4, 5, 10, 100, 1,000 francs par jour et on verra ce qui en résultera.

Les Présidents des républiques, les Ducs, les Princes, les Rois, les Empereurs érigés en Papes ou non et les Papes; qui par insouciance ou par ignorance, ont fait préférer la monnaie à toutes les personnes, toutes les religions, disparaîtront, après avoir commencé par être moins que les très-humbles et très-obéissants serviteurs des banquiers.

La préoccupation essentielle de la vie sera alors la recherche de ces emplois des Conseillers municipaux, des arrondissements, des départements, etc, comme elle est déjà des médecins et d'autres classes.

Les familles , leur occupation d'élever des enfants , les professions , la bonne foi , la résignation, les vertus , les talents les génies , les grandeurs d'âme qu'elles ont produites ; leur apparition même , n'inspirera que des risées , du mépris , dégoût , comme elle les inspire déjà à l'égard de ceux qui naturalisés ou non , les possèdent et les pratiquent à tous les degrés et les degrés suprêmes.

La population française ne pourra que se renouveler tous les 40 , tous les 30 , tous les 20 , tous les 10 , tous les 5 , tou les ans ; le gouvernement ne pourra que changer 15 , 20, 30 , 40 , 50 et 100 fois dans chacun de ces espaces de temps ; le plaintes ne pourront que dégénérer en carnage et en atrocités de toutes sortes.

Quel est le moyen d'y obvier? il n'y en a pas d'autre que la publicité donnée à cet état des choses, dans la langue française parce que c'est en cette langue qu'on sème , on propage et on multiplie toutes les erreurs. Je comprends cependant , qu pour ménager toutes les susceptibilités , il faudrait que je le fisse même dans des imprimés pareils à ceux que j'ai fait faire mais alors il faudrait qu'on voulut bien m'en procurer les moyens. En France les 33 , 34 , 35 millions de personnes , qu travaillent et meurent de faim , des privations , forceraient les publicistes de Paris et d'autres pays de les publier ; ils le forceraient aussi , de créer des compagnies pour acquérir des propriétés dans d'autres pays, car à l'insuffisance du sol o ne peut obvier autrement qu'en y acquérant des propriétés cultivées. Les émigrés Espagnols , Italiens , Suisses , Allemands Hongrois , Polonais , que dans des églises , des salons , des cercles , des chambrées , on désigne du nom de fumier que France traîne après elle , prouveraient qu'ils sont de bonnes familles et diraient aux parents de leurs femmes , de leur enfants , qu'ils leur procureraient , donneraient même des propriétés telles , que si on y met de l'engrais elles ne produi sent rien. Il me semble qu'on le trouverait tout naturel , car il est du devoir des médecins , de rechercher tout ce qui peu les guérir , sauver , guérir , sauver leurs enfants , leurs descendants , tous leurs semblables. Plus tard on les bénirait peut être et on leur rendrait la considération , l'estime et le respect dû à une des classes les plus instruites et les plus élevées.

Si on voulait en même temps me juger comme on voudrait se juger soi-même ou être jugé à ma place , on reconnaîtrait qu'en me livrant à des correspondances non réciproques depuis des si longues années, je n'ai fait que remplir mon devoir De même qu'un médecin auprès des malades , atteints des plaies , des ulcères , des chancres , des dartres , des maladies d toutes sortes ; quand même elles n'inspireraient que la plus vive répulsion , le plus profond dégoût à tout le monde , ce mé decin est obligé de les surmonter , de les examiner , les étudier , les nommer , les guérir , les sauver et indiquer les moyer d'y obvier. De même moi , quel que soit le degré de répulsion , de dégoût que puisse m'inspirer , la création et ses œuvres tous les corps célestes et tout ce qui les peuple , même le mot Dieu ou Sauveur du monde ! je suis obligé de les surmonter de les examiner , les étudier , les nommer , chercher à les guérir, les sauver et indiquer les moyens d'y obvier. — (Novem bre 1862.)

Majestés Impériales et Royales, Messeigneurs, Messieurs, Mesdames.

Le malheur est la meilleure école et n'est telle , que parce que dans peu de temps on y est forcé d'apprendre beaucou et bien. Dans les premiers temps de l'existence du genre humain ceux qui y acqueraient des connaissances se disaient e étaient reconnus : pour des patriarches , des prophètes , des martyrs , des apôtres , des saints , des élèves , des disciples des élus , des élus d'entre les élus de Dieu , pour des hommes se disant Dieu et pour Jésus-Christ qui se disait fils de Dieu Aujourd'hui tout le monde , tout le genre humain est à cette école , ceux qui puisent leurs connaissances dans des peti et des grands séminaires , dans des écoles , des colléges , des lycées , des facultés , des universités , y plongent bien plu que d'autres personnes ; mais ils sont tellement aveuglés par l'amour propre religieux , scientifique et national , qu'ils n reconnaissent pas qu'il en est ainsi , les proclament et se proclament parmi eux pour des fous. Ils ne se doutent pas , qu n'importe quelle personne , n'importe quel fou , un criminel au besoin peut les prévenir de n'importe quel danger , tand que les statues , les tableaux , les reliques , les livres , d'autres objets , ne le peuvent pas. Nous émigrés Polonais , no femmes , leurs parents , leurs amis , leurs connaissances , leurs compatriotes , leurs prôneurs ; disent , écrivent , publient que nous ne savons pas ce que nous voulons , que nous sommes tous des fous. A nos enfants même ils inspirent , ensei gnent qu'il en est ainsi. Telle est notre existence , dès mon enfance je souffre moralement tout ce qu'on peut souffrir depuis 4 ans je souffre beaucoup physiquement et ne peut ni me reposer , ni me soigner , ni me plaindre. S'il ne s'agissai pas de notre salut , de la Pologne et du monde ! je me serais bien gardé d'écrire mes précédentes lettres et celle-ci. — (Août 1863.)

Majestés Impériales et Royales, Messeigneurs, Messieurs, Mesdames.

Les nations civilisées disposent de la publicité , ont une très-grande influence et je serais bien reconnaissant , si on vou lait bien la diriger pour obtenir de LL. EE. MM. les Ministres et de S. M. I. Alexandre II , de m'envoyer le montant de me propriétés , pour que je puisse me reposer et m'entourer des soins qu'exige l'état de ma santé fortement endommagée.

Je suis né le 8 octobre 1814 , à Kopesterzyn , arrondissement de Jampol , gouvernement de Podolie , où ma mère, décédé le 16 avril 1829 , avait laissé 220,000 florins en propriétés et un village Konieszowka , arrondissement de Machnowka gouvernement de Kiow , je crois. Mon père avait 167,000 florins en propriétés à Kudiowce , arrondissement de Winnic et avait été Choronjy de la diète de Braclaw. Toutes ces propriétés étaient exemptes de dettes d'hypothèque et autres. J fus envoyé à Wilna avec un gouverneur Pohoyski et un domestique Alexandre Ceisielski , d'où j'ai participé aux événe ments de 1830.

Je suis homme et comme tel , je n'aurais jamais dû être exclu de la possibilité de communiquer mes pensées , mes actes mes paroles , mes écrits ; à mes parents , mes amis , mes connaissances , mes compatriotes , mes prôneurs , encore moir à ceux qui s'érigent en mes chefs médiats et immédiats. Si je l'ai été jusqu'à aujourd'hui , cela n'a pu être , que parc que le genre humain , après avoir dépassé toutes les bornes du bien et du mal , est encore à la recherche des voies o l'ordre du salut pour les suivre et du désordre , de la perte pour les éviter. Le plus difficile est de les exposer dans d écrits exacts et quoique je crois avoir rempli à cet égard toutes les conditions , je sens l'urgence d'entrer dans des détai qu'exige leur mise en exécution. S. M. I. Alexandre II s'est proclamé dernièrement le seul chef des Slaves et il do m'être permis de prier , de vouloir bien envisager , que les Slaves , leurs familles , ont produit 100 millions de personnes c'est-à-dire le contingent : de 300,000 cités , 200,000 baronnies , 100,000 comtés , 10,000 marquisats , 1,000 duchés , 20 principautés, 100 royaumes, 10 empires , d'une partie du genre humain et d'une capitale du monde. Dans mes écrits et m imprimés , que j'ai adressés aux familles regnantes en Europe principalement , j'ai exposé le plan de leur construction et pourrait être admis. Seulement il ne me convenait pas d'exposer , que ces locaux et ces localités , devraient être constru sur des prééminences , sur des endroits élevés de préférence , en sorte que , les fils des télégraphes , d'autres appare

riques perfectionnés ou non, tout en servant à des correspondances, puissent aboutir à des réservoirs, à des bassins et à
ieux, où les pluies diluviennes ; les fontes et les dégels, produisent des inondations. Une ou plusieurs personnes, des
inférieurs même, dressés à cet effet, enseigneraient à leurs nouvelles générations à les mettre en jeu. Tous dans nos an-
es, nous avons commencé par être paysans, artisans, bourgeois, nobles ; nous devrions pouvoir revenir à être bour-
, artisans, paysans, c'est-à-dire que tout devrait y être coordonné à l'extinction des familles. En y coordonnant
es les pensées, tous les actes, toutes les paroles, tous les écrits ; on reconnaîtrait, que mieux vaut que des réprou-
des damnés, des condamnés, des prisonniers et des criminels ; même que des êtres inférieurs puissent en hériter,
d'y veiller, y pourvoir à leur salut et le salut du monde ! plutôt que des livres, des statues, des tableaux, des re-
es et d'autres objets, qui ne peuvent ni y veiller ni y pourvoir. Là où il y a suffisance et plus que suffisance du sol,
qui contribueraient à leur construction devraient avoir 3, 4, 5, 10 fois plus qu'il ne faut de propriétés pour nourrir
personnes, leurs familles et les êtres inférieurs ; là où il y a insuffisance et plus qu'insuffisance du sol, ils devraient
la moitié, le tiers, le quart, le cinquième, le dixième de ces propriétés et en proportion de quoi les nourrir.
out il y a de ceux qui veulent l'ordre, le salut et le désordre, la perte ; les premiers devraient être récompensés,
econds punis. Ceux qui donneraient des preuves de leurs bonnes dispositions devraient l'être jusqu'à prolonger leurs
, d'A, je suppose en Adam parmi les paysans, en Adamow parmi les artisans, en Adamowicz parmi les bourgeois,
damowski parmi les nobles, B, Bel, Below, Belowicz, Belowski ; C, Cel, Celow, Celowicz, Celowski, etc. Ceux
onneraient des preuves de leurs mauvaises dispositions, devraient être punis jusqu'à raccourcir leurs noms en A, B,
t les autres lettres, que les enfants et les êtres inférieurs prononcent même en naissant. La monnaie n'est rien par
même, sa circulation seule facilite toutes les consommations, tous les travaux, toutes les opérations et ceux qui ont
uvoir d'ériger en monnaie n'importe quel objet, devraient l'accorder à toutes les personnes. Ils pourraient même
e contraints, car j'ai lieu de présumer, que depuis novembre 1861, les sociétés démocratiques, aristocratiques, secrètes
on, ont pour mot d'ordre : que de même que des Colonels, des Généraux, des Maréchaux, qui garderaient la mon-
comme solde pour eux et les leurs et qui ne la donneraient pas à tous les soldats, tous les caporaux et tous les autres
es, seraient dégradés, chassés, détruits ; de même les Présidents des républiques, les Chevaliers, les Barons, les
es, les Marquis, les Ducs, les Princes, les Rois, les Empereurs erigés en Papes ou non et les Papes, qui garderaient
onnaie comme solde pour eux et les leurs et qui ne la donneraient pas à toutes les personnes doivent être dégradés,
és, détruits. — Dans un de mes imprimés j'ai indiqué le moyen d'instituer des soldes des âges et des soldes propor-
ées aux degrés de plus en plus élevés dans l'acquisition des connaissances et il devrait etre admis. Aujourd'hui partout
rige à la mode des choses mauvaises, insuffisantes, et en reconnaissant toutes les voies du salut on devrait les y
r bien mieux. Toutes les mères, tous les pères, devraient enseigner à leurs enfants, que le globe terrestre devrait
embrasé, volcanisé, devenir soleil ; et que les diverses collections du genre humain devraient être réduites à la même
on où on y est en France. Toutes les personnes devraient par conséquent pouvoir s'y rendre avec ordre et intelligence,
as pour s'y dégrader, s'avilir, se détruire, se ruiner ; non plus pour construire ses routes, ses ponts, ses rues,
aces, ses villages et ses villes ; mais pour y acquérir de l'expérience de la vie, qui a toujours été, est et devrait tou-
être, la seule, la vraie, l'unique lumière des hommes.
émigrés la possèdent et la pratiquent à tous les degrés et les degrés suprêmes, seulement ils sont exclus de la pos-
é de la mettre en évidence au moyen de publicité et autrement. Cependant ne faites pas à autrui ce que vous ne voulez
u'on vous fît, ou faites à autrui ce que vous voulez qu'on vous fît, est le principe sauveur pour tout le genre humain,
tous les êtres, pour tous les corps célestes et tout ce qui les peuple ; et qui que cela soit qui s'avisera de s'en affranchir
ut qu'aboutir à sa ruine, sa perte et la perte du monde ! Je m'y suis conformé scrupuleusement partout, même
lus qu'il ne semble au prime abord, en ce qui concerne S. M. I. Alexandre II. En effet, les traditions, les annales
histoires des peuples attestent, que les assassinats, les empoisonnements et d'autres moyens de destruction, sont
uls moyens employés pour changer des Gouvernements, les fonder, les consolider ; et il me semble qu'on n'emploirait
autres moyens en le changeant à Saint-Petersbourg. En écrivant à mon fils, à des Polonais, à des personnes et per-
ges, de diriger l'influence qu'ils pourraient acquérir sur ceux qui veulent opérer ce changement, dans le sens de
mner la famille regnante actuellement à l'exil, j'ai voulu faire éviter à cette famille toutes les horreurs de cette
ction. Ce n'est pas en disant la vérité qu'on perd les hommes, mais c'est en ne la leur disant pas, et il devrait
permis d'exposer que le premier d'entre le prédécesseur de S. M. I. Alexandre II qui s'est proclamé Russe, a
is un non-sens et par cela même a exposé ses descendants à des dangers imminents. De même que ceux qui ont
Rome, se disaient Romains et donnaient le nom d'empire Romain à leurs possessions ; de même ceux qui ont
Moscou auraient dû se dire Moscovites et donner le nom d'empire Moscovite à leurs possessions. — Les personnes
uplent la Russie noire, rouge, blanche, ont de tout temps été, désirent ardemment d'être Polonaises et n'ont jamais
u'avec peine, avec douleur et désespoir la domination de ceux qui ont honte de se dire Moscovites, qui se procla-
Russes, mais qui ne les ont jamais été. Si S. M. I. Alexandre II a les moyens de détruire et ce non-sens et les
urs qui en ont été la suite et ses autres conséquences, elle devrait en avoir hâte ; sinon elle ne peut vivre que dans
native de la mort ou de l'exil. Aujourd'hui avec les télégraphes électriques, les chemins de fer et les bâteaux à vapeur,
es hommes veulent se procurer l'existence assurée, le bien-être et le bien ; tous ceux qui dans le malheur ou le bon-
auront acquis les connaissances de plus en plus vraies, de plus en plus exactes, de plus en plus indispensables et
, qui sauront les reproduire dans des écrits exacts, ce qui je le répète, est le plus difficile ; ceux-là devraient pouvoir
endre, y avoir droit, l'obtenir. Tels sont les intérêts de la création, tel devrait être le désir de tous les hommes,
mes pensées, tous mes actes, toutes mes paroles, tous mes écrits l'attesteront. — (Janvier 1864).

Majestés Impériales et Royales, Messeigneurs, Messieurs, Mesdames.

novembre 1861 j'ai reçu une lettre de M.   secrétaire de l'Union de l'émigration polonaise, dans laquelle il
savoir ; que les Polonais brûlaient d'envie de se battre avec leurs ennemis. Je lui ai répondu que c'était impossible,
e pouvaient qu'aboutir à leur ruine, leur perte, à la perte même de leur nom de Polonais et de Pologne ; mes pré-
ne se réalisent malheureusement que trop. Je lui ai représenté cependant, que dans l'émigration polonaise, il y a
rsonnes de toutes les classes de la société, ayant la plus grande expérience de la vie, que nous avons des Prêtres,
êques, des Archevêques ; des Officiers, des Colonels, des Généraux ; des Conseillers d'Etat, des Députés, des Sé-
, des Ministres, des Ambassadeurs ; des Chevaliers, des Barons, des Comtes, des Marquis, des Ducs, des Princes ;
ès avoir acquis la conviction la plus profonde qu'il s'agit du salut ou de la perte du monde ! pourraient la faire

partager aux personnes et personnages de tous les pays et diriger leurs efforts vers le salut commun. Je lui ai envoyé mes écrits avec prière de les communiquer à ce comité et aux Polonais les plus influents. L'a-t-il fait ou non ? Je l'ignore.

Maintenant il est de mon devoir de prier de nouveau, de vouloir bien envisager, que lorsque le mot Dieu ne sert que de prétexte pour se procurer n'importe quelle existence, quel bien-être, quel emploi, quel grade, quel titre, quel honneur, quelle dignité ou quelle récompense ? cet état de choses ne peut que se propager pendant tout le temps de création et procréation de tous les corps célestes et tous les soleils s'éteignent peu à peu; tous les corps célestes alors, roulent dans d'épais brouillards, des nuages, des ténèbres; se heurtent, s'entrechoquent; sont brisés, broyés, moulus, fondus dans les eaux et réduits au néant tant et tant de fois qu'il faut, pour produire ce Dieu tel que la création et la procréation l'exige, c'est-à-dire, tel que leur salut l'exige. Cela a déjà eu lieu au moins une fois et comme ces corps célestes, ne peuvent ni le dire, ni l'écrire, quelqu'un est obligé de le faire pour eux. Ce quelqu'un aujourd'hui c'est moi, mais plus j'avance dans la vie et plus j'acquiers la conviction, que je me trouve dans la même position vis-à-vis de toute la présente génération du genre humain, où serait celui, qui voudrait faire connaître le résultat d'une opération, à ceux qui ne veulent comprendre, ni les moyens de sa mise en exécution, ni cette opération, ni ce résultat. En effet, il n'y a jamais eu rien autre dans le ciel, que des atômes de rien, de vapeur, de fumée, des nuages, des nébuleuses, des aérolithes, des comètes, des planètes, des soleils. Ce sont des œuvres de Dieu et tant que toutes les pensées, tous les actes, toutes les paroles, tous les écrits des hommes, n'auront pas pour but de se rendre compte quel est leur mode de création et procréation, leur commencement et leur fin, leur destinée, le mot Dieu ne sera qu'un prétexte, un moyen de leur destruction. Les Polonais se font torturer, martyriser, détruire depuis des siècles au nom de Dieu ! et tant qu'ils n'apprendront pas en quel sens à ce mot sont attachées les destinées de tous les êtres, avant tout le salut ou la perte du monde ! de tous les corps célestes? ils n'auront: ni la bonne foi, ni la résignation, ni les vertus, ni les talents, ni les génies, ni les grandeurs d'âme nécessaires pour supporter leurs malheurs, pour acquérir des connaissances qui peuvent les sauver et sauver le monde. La France depuis 89 n'est que dans l'alternative de son salut ou de sa perte, avec tous les préjugés, toutes les illusions, tout l'aveuglement des nations qui ont péri antérieurement, elle en offre le spectacle le plus navrant. La Russie, l'Autriche, la Prusse, l'Angleterre et l'Amérique dernièrement ; sont forcées d'être en coalition permanente pour saisir la proie qui ne peut plus leur échapper. Tant que la Pologne existait elle a fait des efforts surhumains pour les en empêcher et y était parvenue, maintenant qu'elle n'existe plus ou à peu près, la France ne peut que périr.

J'ai exposé dans mes précédents écrits, quelle est la position réelle de la France, quelle est notre position, dans ce pays, quels sont les moyens de nous sauver, de sauver la France, la Pologne et le monde ! mais ai-je reçu le moindre mot d'encouragement ? non.

Le monde donc n'est qu'un désert et moi, je suis réduit à la triste nécessité de prévenir ceux qui y errent, qu'ils ne peuvent aboutir qu'à des repaires des loups, des tigres, des lions, des monstres de toutes sortes ; 'ou à des torrents, des avalanches, des précipices et des gouffres. — (Février 1864).

Majestés Impériales et Royales, Messeigneurs, Messieurs, Mesdames.

Partout aujourd'hui il y a des Présidents des républiques, des Ducs, des Princes, des Rois, des Empereurs, qni ont pour chefs les Papes de Rome et leurs prêtres, comme il y en a aussi, qui sont papes eux-mêmes, s'en moquent en temps de paix, de calme, de tranquillité, ce qui ne les empêche pas du tout d'y avoir recours, chaque fois qu'ils pressentent le moindre danger. Cela est ainsi, car le mot prêtre pape ou non, ne signifie autre chose, dans la création ou dans la vie, que prêt à tout le bien et tout le mal; et s'il doit être permis d'agir en sorte en cas de danger, cette manière d'agir n'a aucune raison d'être dans d'autres positions. Ce pressentiment des dangers et cette prêtrise cependant, ont déjà produit un ordre des choses tel, que gouvernés et gouvernants, auraient besoin de former leur jugement, leur bon-sens, leur intelligence et leur conscience du bien et du mal. Car là où il y a insuffisance et plus qu'insuffisance du sol, on se crée des préoccupations, on les érige en exigences de la vie et savants et ignorants aboutissent à ce dilemne, qu'on a érigé en proverbe, sinon en principe, après nous le déluge. Là où il y a suffisance et plus que suffisance du sol, on va à la recherche de la pensée, on la saisit, on se l'approprie, en se souciant fort peu de la personne, du temps et de la peine qu'il a fallu pour l'élaborer.

Cette prêtrise, ce déluge et cette appropriation sont des dangers réels, très communs, datent de loin et il serait à désirer que toutes les personnes, de n'importe quel âge, voulussent bien contribuer à les faire cesser.

Si je me suis permis d'écrire ce qui précède, c'est parce que dans le malheur il devrait y avoir une solidarité comme il y en a une dans le prétendu bonheur et parce que l'existence de tout ce qui donne signe de vie est exposée à des dangers imminents.

Après le traité de Paris, des St-Pétersbourgeois, des prétendus russes, ont fait exporter, dans un seul mois, 60,000 volumes d'un livre, qu'on vend cinq francs, dans l'intention la plus évidente, de parvenir un jour, à torturer, martyriser, détruire, tout ce qui donne signe de vie, en France et partout, comme ils torturent, martyrisent, détruisent tout ce qui donne signe de vie, en Pologne et là où ils étendent leur domination.

C'est moi, exilé polonais, leur victime qui ne dois pas hésiter à en prévenir, les prétendus russes et tout le monde, car les uns et les autres ne s'en aperçoivent pas et décorent leur ignorance, du nom, du commerce, de l'industrie, de la religion et d'autres mots, dont ils ne connaissent nullement la valeur.

La publicité seule telle qu'elle est ou telle que je cherchais à me la créer, donnée à mes recherches, tout en servant à reconnaître qu'il s'agit du salut du monde, pourrait servir à la déterminer, en cherchant la valeur des êtres et des objets, dans la création ou dans la vie, où il est infiniment plus difficile de lire que partout ailleurs, puisque le livre qui doit en faciliter les moyens n'est pas encore fait et ne peut l'être que par moi.

Quelqu'un, par exemple, qui voudra se rendre compte de ce que c'est qu'un soleil, saura en y vérifiant, que c'est un corps céleste, volcanisé, embrasé, qui par l'ignition et la combustion, revient à ses volumes de planète, de comète, d'aérolithe, de nébuleuse, de nuage, d'atômes de fumée, de vapeur de rien; parce que des atômes de rien, de vapeur, de fumée, deviennent: des nuages, des nébuleuses, des aérolithes, des comètes, des planètes, des soleils. S'il voulait déterminer la distance d'un corps céleste ou non en ignition principalement, il n'aurait qu'à employer les mêmes moyens qu'on emploie pour déterminer la distance de n'importe quelle étincelle, quelle flamme, quel feu, quel foyer, quel volcan. En général si un quintal d'un combustible en ignition, produit une chaleur de 10 degrés à une distance de 5 mètres, 2 à 10, 3 à 15, 20 à 100, 200 à 1,000, 2,000 à 10,000, 20,000 à 100,000, 200,000 à un million, deux millions à 10 millions des mètres ; on n'a qu'à convertir les mètres en kilomètres et en lieues et on saura, que 2 millions de quintaux d'un combustible en ignition, produisent une chaleur de 10 degrés à une distance de 2,500 lieues. Si on emploie les mêmes moyens d'investigations, pour déterminer la distance réelle de notre soleil, dont les volcans selon les climats et les saisons ou les lieux, produisent une chaleur de 10, 20, 30, 40, 50, degrés ; on saura que là où ils en produisent 10 degrés il n'est qu'à une distance de 2,500 lieues, là où ils en produisent 20 il n'est qu'à une distance de 2,000 lieues, 30 à une distance de 1,500 lieues, 40 à un distance de 1,000 lieues, 50 à une distance de 500 lieues tout au plus. Ce n'est pas sa lumière et les effets qu'elle produit sur notre corps céleste, sur d'autres corps célestes et tout ce qui les peuple, qu'il faut prendre pour guide, en cherchant à déterminer sa distance, mais c'est sa chaleur. De même que pour déterminer la valeur d'un être vivant ou mort, ce n'est pas ses rêves, ses songes, ses visions, ses hallucinations ou les nôtres qu'il faut par prendre guide, mais c'est les réalités de la vie, qui est la même en tout temps, en tout lieu. Un homme, un être vivant ou mort, vaut ce que valent les connaissances qu'il a acquises dans la création ou dans la vie, ce que vaut sa pensée et non ce que peuvent valoir ses abris, ses locaux, ses localités, ou ses objets de chaussure, d'habillement, d'armement, du luxe, d'ameublement et autres. (Mars 1864.)

Majestés Impériales et Royales, Messeigneurs, Messieurs, Mesdames.

L'affaire   a préoccupé tous les esprits, elle a soulevé l'indignation universelle et doit être l'objet des méditations de tous les hommes sérieux, soucieux de leur avenir.

Un homme mourant   a été trouvé en juillet dernier, les pieds et les mains liés derrière le dos, une plaie à la nuque et la région occipitale. En revenant à la vie, il désigne son assassin, plus tard en public et devant les autorités il donne des détails de plus en plus exacts ; ment-il ? non. Supposer le contraire c'est vouloir ériger les victimes en coupables et les coupables en victimes, ce qui malheureusement arrive bien souvent.

Aurait-il été trouvé mort et les témoins ayant déclaré, qu'   est un homme emporté, ne se possédant pas, frappant des domestiques, des fermiers, jusqu'à l'ingénieur qu'il supplie de ne rien dire au cercle et ailleurs, non puni aurait inspiré de l'horreur, mais   acquitté, porté en triomphe et le pauvre honteux, s'esquivant, ceci est fait pour faire réfléchir tout homme sérieux, de bonne foi, car il n'y a plus de sécurité pour personne.

Quel est le moyen d'y obvier ? la publicité française d'abord, puis celle d'autres pays, devrait diriger l'esprit privé et public, des conseils municipaux, des arrondissements, des départements, dans le sens de former des vœux ; des Conseils des États, dans le sens d'élaborer, des Corps législatifs dans le sens de voter, des Sénats dans le sens de sanctionner ; une loi d'appel, de cassation des arrêts des cours d'assises, comme il y a des lois d'appel, de cassation des arrêts des tribunaux, des cours impériales et autres.

La publicité professionnelle des avocats, par exemple, doit avoir pour mission de déterminer, que les avocats ne devraient être que des interprètres, des pensées, des actes, des paroles, des écrits de leurs semblables, en rapport avec les autorités, afin d'atténuer la peine des coupables dans le cas où elle pourrait être trop sévère et afin de défendre de toute la force de leur âme des innocents. Tout avocat qui agirait autrement devrait être puni et s'il s'avisait de s'ériger en victime aux yeux des avocats et d'autres classes, tous les avocats et toutes ces classes devraient pouvoir disposer de leur publicité dans le sens de lui prouver qu'il est aussi coupable que des criminels.

La publicité médicale, devrait prouver, que n'importe quelle personne, un officier de santé, un élève en médecine même de 1re, 2e, 3e année, qui aurait donné des soins à un malade victime ou non, doit être cru plutôt, que tous les médecins passés, présents et à venir, qui ne les lui auraient pas donné. Tout médecin qui oserait agir autrement, devrait être puni et s'il s'avisait de s'ériger en victime aux yeux des médecins et d'autres classes, tous les médecins et toutes ces classes, devraient pouvoir disposer de leur publicité, dans le sens de prouver, qu'il est aussi coupable que des criminels.

Aujourd'hui rien de défini, de déterminé, on est honteux de paraître devant des enfants, des femmes, devant des rêveurs, des songeurs, des visionnaires, des hallucinés. Des menteurs, des voleurs, des assassins, des empoisonneurs brillent et les braves gens tremblent. (Avril 1864.)

Majestés Impériales et Royales, Messeigneurs, Messieurs, Mesdames.

Parmi les exilés il y en a qui souffrent moralement tout ce qu'on peut souffrir, parmi eux il y en a qui en même temps souffrent beaucoup physiquement et ne peuvent ni se reposer, ni se soigner, ni se plaindre. Dans cet état, la vie est un supplice, la mort un bienfait et comme ce sont nos semblables qui nous créent de ces positions, comme il est probable qu'à leur place nous en ferions autant, il y aurait de quoi les prendre en horreur se prendre en horreur, et ne rien faire pour prolonger cette triste existence si on était seul. Mais lorsqu'on a des enfants, lorsqu'on sait, que près de l'eau ils se noiraient, près du feu ils se brûleraient, qu'ils ne sauraient éviter aucun des dangers si grands qui menacent le monde ! oh ! alors, on est forcé de faire des démarches, quand même on les saurait infructueuses.

Il est de mon devoir d'exposer, que je suis docteur en médecine depuis le 21 août 1837 et qu'en septembre, octobre et novembre de la même année, je me suis prodigué auprès des cholériques de l'hospice civil et de la ville de Toulon, où M. le Marchand de la Faverie, préfet du Var alors, et M. Duchatel, sous-préfet, m'avaient assuré, qu'ils m'avaient porté pour la croix de la Légion d'honneur. En 1854 M. Roux père, maire de Lorgues, m'avait assuré qu'il m'avait signalé à M. le Préfet comme m'étant prodigué auprès des cholériques de la ville et des campagnes. En 1855, M. Mercier-Lacombe, préfet du Var, m'avait envoyé auprès des cholériques à Vidauban où le médecin qui était maire était malade. Dans tous ces pays il y a encore des agents, des employés du gouvernement, d'autres personnes, qui pourraient attester ce que je viens d'exposer. Et je désirerais avoir ces distinctions, pour me mettre à l'abri du mépris et du dédain de beaucoup de personnes, principalement des pharmaciens, des officiers de santé et les médecins. Je suis naturalisé français depuis le 28 janvier 1838 rien dans ma vie privée et publique, n'a jamais autorisé ni ce mépris, ni ce dédain et bien de ceux qui me lisent, sont trop éclairés, trop pénétrés de l'amour de leurs semblables, pour que je ne leur en dévoile les motifs réels.

Tout le monde sait qu'il y a des pharmaciens qui partagent avec les médecins le montant de leurs ordonnances, aux deux cinquièmes, au tiers ou à moitié, afin de se procurer ainsi un revenu de quelques cents, quelques mille francs par an. Là il n'y a point de témoins, ils sont à l'abri de l'atteinte des autorités administratives, judiciaires et autres ; et il est facile de reconnaître, que la vie et la santé des malades n'est rien pour eux, mais que tous leurs efforts tendent à faire débiter le plus de médicaments et des plus coûteux. Je n'ai jamais voulu agir ainsi, dans des res

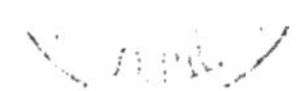

sources que les siècles passés et présents ont produites, j'ai toujours puisé tout ce qui peut conserver la vie et la santé de mes malades, et je me suis appliqué à faire économiser, à des malades, des communes et des populations entières, jusqu'à 2, 3, 4, 5, 10,000 francs sur des médicaments. Depuis 1838 par exemple, je prescris bien souvent 1, 2, 3 grammes de seigle ergoté, concassé frais, que je fais bouillir dans une pinte d'eau, édulcorer et prendre. Je prescris aussi, 100, 2, 300, grammes de sirop d'iodure de potassium, de fer, de sulfate de quinine, de rathenhia et d'autres médicaments. Le décocté de seigle ergoté est un excellent moyen de faire cesser les fièvres idiopathiques, symptomatiques, rémittentes, intermittentes, traumatiques et autres. C'est encore un très-bon moyen d'arrêter des hémorragies internes et externes et c'est un des meilleurs moyens de guérir des plaies, puisqu'à Sébastopol même, on l'a employé pour guérir de celles qui avaient résisté à d'autres méthodes de traitement 5, 6 mois, un an. Le seigle ergoté sous forme des paquets coûte 10, 20, 30 centimes, le sirop un, deux, trois francs et voilà les plus fortes dépenses que je fais faire à presque tous mes malades. M. Bonjean de Chambéry a eu les décorations : de la Légion d'honneur sans doute, de S. M. R. d'Italie, de S. H. le sultan de Turquie, de S. M. I. Alexandre II pour son ergotine ; mais l'ergotine ne se conserve que quelques heures pas même un jour, coûte beaucoup, tandis que le seigle ergoté coûte peu, produit des mêmes effets et se conserve quelques jours, quelques semaines, quelques mois. Et si des pharmaciens et des médecins ont eu des décorations pour des services rendus, il devrait m'être permis sinon de réclamer celles qui m'ont été promises, au moins d'implorer la protection et l'appui des personnes éclairées et des personnes de bien.

On sait aussi, que beaucoup de médecins s'entendent, se soutiennent, s'appellent dans des moindres indispositions, dans des moindres maladies, dans des moindres opérations, afin d'en partager le montant et se faire un revenu de quelques mille francs par an. Là non plus il n'y a point de témoins, ils sont encore à l'abri de l'atteinte des autorités judiciaires administratives et autres et il est facile de reconnaître que leurs connaissances professionnelles, leurs livres, leurs auteurs, ne servent qu'à expliquer leurs succès ou leurs insuccès, mais que le gain et l'influence sur l'esprit du public est le but essentiel de tous leurs efforts. Je n'ai jamais voulu agir en sorte, quoique depuis 25 ans au moins, je suis en butte à des insinuations, à des dédains, à des insultes ; et ce qu'il y a de plus pénible, c'est que leurs dupes, leurs victimes, me reprochent aussi de n'avoir pas voulu gagner ainsi 100, 2 et 300,000 francs. Les plus redoutables sont ceux qui se mettent à l'abri du confessionnal, de l'église, des prêtres, parce que ces derniers étant fortement organisés, ayant le pouvoir absolu depuis des siècles, ne s'aperçoivent même pas qu'ils sont exploités par eux, deviennent leurs dupes, leurs victimes, leurs complices. C'est des motifs de ce genre sans doute, qui ont inspiré le dédain aux Empereurs, aux Papes de St-Pétersbourg et à leurs gouvernements, envers les S. P. les papes de Rome et envers leurs prêtres..... Ne faites pas à autrui ce que vous ne voulez pas qu'on vous fît ou faites à autrui ce que vous voulez qu'on vous fît, est le principe sauveur pour tout le genre humain, pour tous les êtres, pour notre corps céleste, pour tous les corps célestes et tout ce qui les peuple ; toutes mes pensées, tous mes actes, toutes mes paroles, tous mes écrits sont conformes à ce principe ; et s'il faut aller me confesser, communier, je ne demande pas mieux, mais cela ne sera pas pour exploiter les prêtres, pour en faire des dupes, des victimes, mais pour les en prévenir, pour me mettre et les mettre en garde contre des dangers communs.

Les malheurs, les non sens et les impasses, sont des maladies de la pensée, de l'âme, comme les bronchites, les pleurésies, les pneumonies, sont des maladies du corps. La publicité seule telle qu'elle est ou telle que je cherchais à me la créer, pourrait servir à indiquer les moyens d'y obvier. Si on pouvait me la procurer, je serais infiniment reconnaissant. (Juin 1864)

Majestés Impériales et Royales, Messeigneurs, Messieurs, Mesdames.

Notre religion chrétienne, catholique, apostolique, romaine, est partout menacée autant qu'en Pologne où on la détruit dans toutes nos familles Comme et ceux qui la détruisent et ceux qui l'exposent à cette destruction, agissent ainsi au nom de Dieu, il est de la dernière urgence de chercher la valeur de ce mot et de l'être qu'il représente dans la création ou dans la vie.

N'importe dans quelle réunion, quel local, quelle localité, il y a un ordre, dans le coucher, les levers, les repas, les occupations, les fêtes, les récréations et les vacances. Là ceux qui s'y soumettent, qui s'appliquent à en reconnaître toutes les bonnes et les mauvaises conséquences, à les exposer en des paroles et des écrits de plus en plus convenables, de plus en plus exacts, ceux-là devraient être notés comme des bons, des très-bons, d'excellents sujets. Ceux au contraire qui ne s'y soumettent pas, ne s'appliquent point à en reconnaître toutes les bonnes et les mauvaises conséquences, à les exposer en des paroles et des écrits convenables, exacts, ceux-là devraient être notés, comme des mauvais, des très-mauvais sujets et de non-valeurs.

Cependant on ne parviendra jamais à comprendre un ordre quelconque , si on ne le soumet pas à l'exactitude du calcul, tel qu'il est aujourd'hui En l'appliquant à tous les corps célestes, on devrait reconnaître que dans l'état actuel des choses, on en voit 75,000 à l'œil nu et plus d'un billion à l'œil armé ; et si notre soleil donne le jour, la nuit, les saisons, tout ce qu'elles produisent c'est-à-dire la vie, à 10 planètes, 10 comètes, 10 aérolithes, 10 nébuleuses, à autant de nuages, d'atômes, de fumée, de vapeur, de rien qu'il y a dans son système solaire ; en tout à 40 corps célestes apparents lui le 41e ? on n'a qu'à diviser le nombre de 75,000 ou d'un billion par 41 et on saura, qu'il y a 1829 ou plus de 24 millions de soleils, qui donnent le jour, la nuit, les saisons, tout ce qu'elles produisent et la vie, à plus de 240 millions de planètes, à plus de 240 millions de comètes, à plus de 240 millions d'aérolithes, à plus de 240 millions de nébuleuses, à autant de nuages, d'atômes de fumée, de vapeur, de rien, qu'il y a dans leurs systèmes solaires

Mais sont-ce les solides, les liquides, les gazeux, les impondérables seuls, de notre soleil et d'autres soleils, qui donnent le jour, la nuit, les saisons et tout ce qu'elles produisent ou la vie ? non. Comment s'en convaincre ? en cherchant sur notre corps céleste et ce qu'on y trouvera on le trouvera en tous temps, dans tous les lieux. Si le globe terrestre était inhabité, s'il n'y eut point de végétaux, d'insectes, de poissons, de reptiles, d'animaux, d'oiseaux ni d'hommes ? quand même il y aurait les 526 volcans actuellement existants, les solides, les liquides, les gazeux, les impondérables, qui les composent ne pourraient être entretenus à l'état permanent d'ignition, que par des hommes. Les êtres inférieurs ne pourraient y contribuer, qu'en disposant leurs abris, leurs locaux, leurs localités ; leurs jardins, leurs serres chaudes, leurs magnanières, leurs réservoirs, leurs bassins, leurs ménageries, leurs volières ; en sorte, que leur apparition même puisse mettre en jeu les appareils qui produisent la combustion et l'ignition. Quand même tous les soleils s'éteindraient, quand même tous les corps célestes seraient brisés, broyés, moulus, fondus dans les eaux et réduits au néant ? quand même les solides, les liquides, les gazeux, les impondérables qui le composeraient produiraient des volcans, ils ne pourraient être entretenus à l'état permanent de combustion et d'ignition que par des hommes, par leurs appareils, par leur intelligence. Mais celui qui le premier d'entr'eux se soumet à cet état des choses, qui s'applique à en reconnaître toutes les bonnes et les mauvaises conséquences, à les exposer en des paroles et des écrits de plus en plus convenables, de plus en plus exacts, celui-là c'est l'intelligence suprême, c'est Dieu. Si on le reconnaît pour un bon, un très-bon, un excellent sujet, si on lui prouve les moyens de produire le jour, la nuit, les saisons et tout ce qu'elles produisent où la vie, il le fait. Si on le confond parmi des non valeurs, parmi des mauvais, des très-mauvais sujets, si on lui ôte jusqu'aux moyens d'exister, de végéter, il ne peut que se résigner à mourir et faire mourir peu-à-peu tous les corps célestes. Toute mon existence, toutes mes pensées, tous mes actes, toutes mes paroles, tous mes écrits, prouvent : que cet homme, cette intelligence suprême, ce Dieu, c'est moi, et cependant depuis 1858 on m'a ôté les moyens de prévenir tout le genre humain et ses générations, des dangers auxquels ils sont exposés, en disant aux imprimeurs de Draguignan principalement qu'ils seraient plus fous que moi, s'ils faisaient imprimer mes écrits. Si on voulait bien détruire cette influence fâcheuse en leur faisant dire, que ni eux ni moi nous ne serions point des fous en les faisant imprimer, je serais infiniment reconnaissant. (Juillet 1864.)

Majestés Impériales et Royales, Messeigneurs, Messieurs, Mesdames.

En 1838, à   je m'étais procuré une bibliothèque de 12 ou 1500 volumes d'un médecin de Marseille, composée des ouvrages les plus sérieux sur les philosophies religieuses, scientifiques et nationales. Là j'ai reconnu que toutes les connaissances étaient incomplètes, inexactes, insuffisantes. Pour les compléter, les rendre exactes, suffisantes, il m'a fallu chercher et trouver dans la création ou dans la vie, où il est infiniment plus difficile de lire que partout ailleurs, puisque le livre qui doit en faciliter les moyens n'est pas encore fait et ne peut l'être que par moi ou par mes enfants si on veut bien nous procurer les moyens de l'écrire et le faire imprimer.

La géographie, par exemple, peut être élémentaire, descriptive, universelle, dans une ou dans 3,063 langues connues ou écrites et autant d'inconnues ou de non écrites qu'il y a de collections du genre humain qui les parlent. Elle ne pourra satisfaire toutes les intelligences, que lorsqu'on saura, que parmi le billion de corps célestes actuellement existants, il y a plus de 24 millions de soleils, plus de 240 millions de planètes, plus de 240 millions de comètes, plus de 240 millions d'aréolithes, plus de 240 millions de nébuleuses ; autant de nuages, d'atômes de fumée, de vapeur, de rien, qu'il y a dans leurs systèmes solaires. Que tous ont la forme sphéroïdales, ont : 2 hémisphères, 2 zônes polaires ou glaciales, 2 zônes tempérées, 2 zônes tropicales, un équateur. Que tous ont, avaient ou auront : des océans, des mers, des lacs, des fleuves, des rivières, des sources, des îles, des continents ; des contrées avec leurs subdivisions : en familles, en tribus ; en villas, villes, villages ; en communes, cantons, arrondissements, départements ; Cités, Baronies, Comtés, Marquisats, Duchés, Principautés, Royaumes, Empires, parties du genre humain et ses générations. Les solides, les liquides, gazeux, les impondérables qui les composent, sont soumis au même ordre des choses que sur notre corps céleste. Les végétaux, les insectes, les poissons, les reptiles, les animaux, les oiseaux et les hommes qui les peuplent, les êtres doués du mouvement principalement, ont partout des sens : de la vue, de l'ouïe, du toucher, de l'odorat, du goût, de la phonation, de la procréation ; au moyen desquels ils acquièrent : des rêves, des songes, des visions, des hallucinations ; ou des influences, des impulsions, des impressions, des sympathies, des sentiments, des passions.

Quand tous les corps célestes sont brisés, broyés, moulus, fondus dans les eaux et réduits au néant ; il acquiert peu-à-peu la forme d'un sphéroïde, change de place, roule dans l'espace, jusqu'à ce qu'étant suffisamment pétri, pétrifié, cristallisé, il ait produit tous les êtres vivants et 1, 2, 3, 4, 5, 10, 100, 1,000, millions, billions de volcans. Ces volcans le consument et les atômes de fumée, de vapeur, de rien qui en émanent, produisent : des nuages, des nébuleuses, des aérolithes, des comètes, des planètes, des soleils ; lesquels reviennent à leurs volumes des planètes, des comètes, des aérolithes, des nébuleuses, des nuages, des atômes de fumée, de vapeur, de rien.

Mais quelle est l'intelligence qui procède avec tant d'ordre dans leur création et procréation ? C'est l'intelligence suprême, l'intelligence de Dieu. Là où ce mot est érigé en qualité, en profession, en dynastie, ce corps céleste, ce néant même, devient soleil et donne le jour, la nuit, les saisons, tout ce qu'elles produisent et la vie ; là où il ne l'est pas, ce corps céleste, ce néant ne le devient pas.

J'ai l'honneur d'être cette intelligence suprême, ce Dieu ; mais quel est le motif de l'éloignement de ma personne, jusqu'au point de ne point me répondre à mes lettres quand je les écrits. Est-ce ma qualité de polonais ? mais cela serait à tort, car le mot pologne ne dérive pas seulement de pole, champ, mais dérive avant tout du mot pôle. De même que le pôle du nord est le point de ralliement du salut de tous les êtres, de même le salut de la Pologne doit être le point de ralliement du salut pour tous les corps célestes et tout ce qui les peuple. Notre salut, le salut de la Pologne et du monde ! sont les seuls motifs qui m'indiquent de supplier, de me procurer les moyens de faire imprimer mes écrits. (Juillet 1864.)

Majestés Impériales et Royales, Messeigneurs, Messieurs, Mesdames.

Tous les peuples de la France, de l'Italie, de l'Autriche, de l'Allemagne, d'autres contrées de l'Europe, de l'Afrique, de l'Asie, de l'Amérique, disent, qu'il faut que les prêtres soient mariés ; et les prêtres mariés sans discernement, c'est la perte de tous ceux qui souffrent physiquement et moralement, de tous ceux qui sont dans le malheur, de tous ceux qui ont fondé notre religion, qui se disaient : des patriarches, des prophètes, des martyrs, des apôtres, des saints, des élèves, des disciples, des élus, des élus d'entre les élus de Dieu, des hommes se disant Dieu, et de Jésus-Christ, qui se disait fils de Dieu. Y a-t-il moyen de mettre en exécution ce désir des peuples, ce *vox populi vox Dei* ? Oui aujourd'hui, demain, après demain, quand on le voudra. De même qu'un roi d'Angleterre, qui après avoir été excommunié pour avoir fait assassiner 3 ou 4 femmes légitimes, s'arma et ordonna à tous ses Cardinaux tous ses Archevêques, tous ses Evêques, tous ses prêtres, de se marier, de devenir protestants, ils le firent, il n'y a eu que 3 Evêques qui donnèrent leur démission ; de même aujourd'hui, que des Présidents des républiques, des Ducs, des Princes, des Rois, des Empereurs, qui presque tous sont papes, s'arment, ordonnent à tous leurs Cardinaux, tous leurs Archevêques, tous les Evêques, tous les prêtres, de se marier, de devenir protestant, schismatiques ou autre chose, ils le feront. Il y a déjà 1,130 religions, 1,130 églises, 1,130 catégories de prêtres, 1,130 papes ; et par la suite on en fera tant qu'on voudra, on n'aura qu'à ériger en religion n'importe quel rêve, quel songe, quelle vision, quelle hallucination. La religion pour être vraie doit être soumise à l'exactitude du calcul et prouvée comme 2 et 2 font 4, 3 et 3 font 6, 4 et 4 font 8 ainsi de suite. Cherchez et vous trouverez, a-t-il été dit à travers les siècles, si on ne le trouve pas dans les livres on doit le chercher dans la création ou dans la vie.

Pas des rêves ! disait S. **M. I.** Alexandre II à des polonais en Pologne, et comme depuis Pierre-le-Grand, il n'y
pas une personne de sa nationalité, qui ne soit pénétrée de ses idées d'envahissement de l'Europe, de destructio
de toutes nationalités, il doit être moins permis de rêver, à ceux qui s'érigent en représentants des religions, d
nationalités, qu'à des polonais. (Octobre 1864.)

Majestés Impériales et Royales, Messeigneurs, Messieurs, Mesdames.

Je viens de perdre la compagne de ma vie, la mère de mes enfants, à 4 heures du matin le 18 décembre 1864. Et n
serai-je que Chasseur, Pêcheur, Laboureur, Ouvrier, Artiste, Marchand, Fabricant, Négociant, Banquier, Soldat, admi
nistrateur, homme de lettres, des sciences, des théâtres, Avocat, Pharmacien, Médecin, Noble ; même leur réprouvé
damné, condamné, prisonnier, criminel ; je devrais avoir tous les moyens de manifester la faiblesse, la douleur et le dé
sespoir qui m'accablent. Les femmes sont nos mères, nos sœurs, nos compagnes, nos filles ; et nous priver de leu
témoigner toute notre reconnaissance, nos hommages, notre culte, c'est vouloir étouffer jusqu'à l'instinct de conservatio
des personnes, des êtres et du monde. Les St-Pétersbourgeois et leurs gouvernements agissent ainsi et quand mêm
toutes les connaissances seraient complétées, quand même on les mettrait en évidence au moyen de publicité et autre
ment, les prochaines générations du genre humain ne pourraient qu'être exposées à des dangers sans fin.

Avant tout on prêche, on instruit d'exemple et quand mes enfants dorment, reposent, s'ils rêvent leur mère, j
devrais leur dire pas de rêves ! s'ils contemplent le firmament, les étoiles, les soleils, les cieux où rien ne périt, j
devrais leur dire pas de rêves !! pas de rêves !! si dans des écrits, des imprimés, des livres classiques et autres ils puisent de
connaissances au-dessus de leur âge, de tous les âges, de tous les siècles, je devrais leur dire, pas de rêves !!! pas d
rêves !!! pas de rêves !!! O monstres ! ô hommes sans entrailles ! diraient avec raison toutes les mères et tous les pères d
famille, mais moi intelligence suprême, je dois les prévenir que toutes les connaissances qu'on acquiert dans des malheur
et des dangers, ne sont qu'à l'état des rêves, des songes, des visions, des hallucinations ; et ne deviennent influences
impulsions, impressions, sympathies, sentiments, passions, que par l'enseignement bienveillant des mères et des pères
Je dois donc les bénir pour des travaux accomplis et ne les bénirai pour ceux que je pourrai accomplir, que lorsqu'il
m'auront rendu de quoi me faire subsister et faire subsister mes enfants. (Décembre 1864.)

Majestés Impériales et Royales, Messeigneurs, Messieurs, Mesdames.

Mes enfants n'ont plus de mère, mais mon ainé, Arthur, n'a que 15 ans, est élève à l'école polonaise de Batignolles
Paris, fréquente le lycée Bonaparte et ne pourra compléter toutes les connaissances que lorsqu'il aura l'existence assurée
une profession. Ma fille Clara à 9 ans, sera admise probablement à l'Institut des orphelines polonaises à Paris et n
pourra les compléter que lorsqu'elle aura également l'existence assurée, une profession. Le dernier qui me reste, Pau
n'a que 4 ans et je voudrais pouvoir en faire un vrai chrétien, catholique, apostolique, romain, un vrai élève, disciple
électeur, éligible, élu, élu d'entre les élus et maître : Chasseur, Pêcheur, Laboureur, Ouvrier, Artiste, Marchand, Fa
bricant, Négociant, Banquier, Soldat, Administrateur, homme de lettres, des sciences, des théâtres, Avocat, Pharmacien
Médecin, Noble ; même leur réprouvé, damné, condamné, prisonnier, criminel ; avant tout je voudrais pouvoir en faire
un vrai père de famille, pouvant au besoin se passer de tous les écrits, de tous les imprimés, de tous les livres

Je leur ai recommandé, leur recommande et leur recommanderai toujours, de bien se souvenir des rêves qu'ils font
pendant qu'ils dorment, parce que l'électricité étant l'âme universelle, dans les mondes invisibles et visibles, produit
tous les solides, tous les liquides, tous les gazeux, tous les impondérables qui composent les corps célestes ; tous le
végétaux, tous les insectes, tous les poissons, tous les reptiles, tous les animaux, tous les oiseaux et tous les hommes q
les peuplent. Les hommes seuls disposent de tous leurs semblables, de tous les êtres, de toutes les parties du globe terrestr
et c'est dans leurs rêves, qu'ils doivent chercher les mystères de la vraie religion. Le nom de Colombe, qu'avait Mme d
Bukojemski, en est le complément, le symbole, tant qu'elle vivait elle me suppliait, m'empêchait même de le mettr
en évidence, mais à présent qu'elle n'existe plus, je dois le faire et faire savoir, que toutes mes pensées, tous mes acte
toutes mes paroles, tous mes écrits tendront à l'avenir, à instituer ma dynastie, du seul, du vrai, de l'unique sauveur d
monde ! du seul, du vrai Dieu !

Mais est-ce en France que je dois chercher à l'instituer ? non jamais, au grand jamais. Bien mieux, si la France
qui depuis 89 a changé 14 fois de gouvernement, en changeait encore et me confiait ses destinées, ne serait-ce que pou
quelques jours, quelques semaines, quelques mois, un an, deux ; je l'engagerais dans les voies de l'ordre, du salut pou
les faire suivre partout, lui indiquerais toutes les voies du désordre, de la perte, pour les faire éviter et je rentrera
dans la vie privée, sans accepter aucun emploi, aucun grade, aucun titre, aucun honneur, aucune dignité, aucun
récompense. Pourquoi ? parce que :

1° En France, qu'il y ait des présidents des républiques, des ducs, des princes, des rois, des empereurs, qui
gouvernent ; ils auront toujours au-dessus d'eux, le pouvoir absolu des prêtres, de leurs évêques, leurs archevêques
leurs cardinaux, leurs papes de Rome et autres. Tandis que moi j'ai institué sur d'autres corps célestes et tacher
d'instituer sur le nôtre un ordre des choses tel, que si un de mes enfants, mes descendants, ou de n'importe quel
famille a le malheur de devenir, réprouvé, damné, condamné, prisonnier, criminel, sans connaissance des causes o
avec connaissance, il doit être puni, et après des expiations, des preuves, des épreuves, des examens, de di
cipline, de soumission, de docilité et des services rendus, devenir : anachorête, ermite, moine, séculier, non pas te
qu'ils sont ou étaient, mais tels qu'ils doivent être.

2° Parce que le sol français n'a jamais produit de quoi nourrir, que 2,287,675 personnes et il y a eu 5, 10, 1
22, et 37 ou 38 millions. Y aurait-il 40, 50, 100, 2, 3, 4, 500 millions, un billion et plus, y aurait-il tout le genre humai
et ses générations, cela prouverait qu'elles seraient forcées de quitter des pays souvent très-vastes, très-fertiles, trè
productifs, pour un pays qui n'a jamais produit de quoi nourrir que le douzième de sa population actuelle.

3° Parce que tous les travaux d'agriculture principalement, doivent avoir pour but, de récolter de quoi nourrir, s
personne, sa famille et les êtres inférieurs et en France ils ne peuvent avoir pour but, de récolter des objets qui é
échange contre la monnaie en produisent ou non. Qui parviendra-t-on à nourrir avec des raisins, du vin, de l'eau-de
vie et des liqueurs qu'on en fait ? personne ; en échange contre la monnaie on en obtiendra ou non et pas autre chos
Qui parviendra-t-on à nourrir, avec des olives, de l'huile et du savon qu'on en fait ? personne ; en échange contr
la monnaie on en obtiendra ou non et pas autre chose. Qui parviendra-t-on à nourrir avec des objets de chaussure
d'habillement, d'armement, du luxe, d'ameublement et autres, qu'on y confectionne en plus grand nombre que partou
ailleurs ? personne ; en échange contre la monnaie on en obtiendra ou non et pas autre chose. La monnaie elle-mêm

est que du cuivre, de l'argent, de l'or , du papier; qu'on a beaucoup de peine à se procurer, à confectionner , y
ouvoir écrire, 100, 2, 3, 4, 500, 1,000, 2, 3, 4, 5, 10, 100 milions, des billions de francs d'autres mots; mais on ne
arviendra jamais à nourrir sa personne , sa famille et les êtres inférieurs , avec ce cuivre , cet argent, cet or , ce
apier écrit ou non.
Si le globe terrestre devient volcanisé, embrasé , s'il devient soleil, quand il n'offrira plus assez de place pour le
ultiver et parcourir des espaces , est-ce la monnaie, est-ce d'autres objets qu'on cherchera à se procurer , ou bien
t-ce la terre, la poussière et le limon, que les pluies, les fontes et les dégels laissent? C'est ces derniers sans con-
edit qu'on recueillera , qu'on conservera, dans des jardins, des serres-chaudes, des magnanières, des réservoirs , des
 assins, des ménageries et des volières. D'autres objets , on n'en conservera que le strictement nécessaire et peu-à-peu
n sera obligé de s'en débarrasser complètement. On s'y appliquera avant tout à donner des preuves, des exemples, des
odèles , de résignation à la mort de soi et des siens , tels qu'ils existent aujourd'hui chez les émigrés polonais
incipalement.
Est-ce à Varsovie ou à St-Pétersbourg que je dois chercher à l'instituer ? c'est très probable, mais c'est encore le
oindre de mes soucis. Ce qu'il y a de certain, c'est que, si c'est là que je dois l'instituer, tous les papes et leurs
uvernements, tous les Gortchakof, les Berg, les Aninkof et touti quanti ne m'en empêcheront pas. Le plus de mal
ue je leur ferais, c'est de les réduire au même point d'exister, de végéter, où ils m'ont réduit. Partout cependant,
nstituerais des agents du gouvernement, des consuls, des ambassadeurs, des ministres ; auxquels je recommanderais de
otéger, de secourir toutes les familles slaves. Et slaves ou non , tous ceux qui dans le malheur ou le bonheur auront
quis des connaissances de plus en plus vraies, de plus en plus exactes, de plus en plus indispensables et utiles, qui
uront le reproduire dans des écrits exacts, ce que je le répète est le plus difficile, je leur ferais accorder des emplois,
s grades, des titres, des honneurs, des dignités et des récompenses de plus en plus élevées.
Pour le moment ce qui me préoccupait le plus, c'était de prier, de vouloir bien obtenir de me faire solder la somme
six cents francs, qui a été votée de priorité et d'urgence par le conseil municipal de   pour me dédom-
ager des frais de déménagement et d'installation dans le pays, où. il a été reconnu qu'un médecin ne peut suffire aux
esoins de la population et qui a été l'objet de bien de pétitions que j'ai adressées partout où il fallait , sans pouvoir
obtenir. (Janvier 1865.)

Majestés Impériales et Royales, Messeigneurs, Messieurs, Mesdames.

De tout temps on a torturé des hommes non pas autant à cause de leurs connaissances scientifiques et nationales,
mme à cause de leurs religions. Mais qui est-ce qui a créé ces religions ? Sont-ce les habitants de Paris, de Londres,
Madrid, de Florence, de Rome, de Vienne, de Berlin, de St-Pétersbourg ? non. Qui est-ce ? c'est d'abord Moïse,
i était berger, qui s'est proclamé prophète, qui a écrit la bible et d'autres livres. Qui encore ? c'est Jésus-Christ, qui
savait pas écrire, qui a scellé de son sang le principe : ne faites pas à autrui ce que vous ne voulez pas qu'on vous
, ou faites à autrui ce que vous voulez qu'on vous fit; ses élèves ont écrit pour lui , ont également scellé ce prin-
pe de leur sang. Mais aujourd'hui il y a une telle confusion dans la pensée, que les personnes les plus instruites disent
écrivent, que les religions n'ont été inventées que par des prêtres, afin de faciliter les moyens de gouverner les peuples,
ux surtout qui ne savent ni lire, ni écrire.
Dans cet état des choses , qu'y a-t-il à faire ? vérifier toutes les connaissances, et de même qu'en vérifiant le calcul
n ou mauvais, on parvient à des résultats vrais, invariables en tout temps, en tout lieu , de même en les vérifiant
parviendra à des résultats non moins vrais, non moins invariables. Il est bien difficile de vérifier le calcul et il est bien plus
fficile de vérifier les connaissances religieuses principalement, parce que dans le calcul ce sont les nombres et les chiffres qui
rvent à résoudre des problèmes, et dans les religions ce sont les personnes qui les fondent qui sont ces nombres et ces chiffres.
i écrit que les religions ce ne sont pas les prêtres, mais les religions c'est Dieu, moi, qui peux sauver tous les polonais, la Po-
gne et le monde ! Dans l'état actuel des choses des polonais principalement, je ne suis que zéro ou 1, 2, 3, 4, 5, 6, 7, 8, 9. Avec
s chiffres on peut faire toutes les opérations du calcul, sans les chiffres non; et s'il y a 10,000 émigrés polonais, et 22 millions en
logne, si le mot Dieu est le point de ralliement du salut pour tous les hommes, ils doivent chercher, et si parmi les polonais
y a un, qui se croit Dieu, qui puisse le prouver, ils doivent lui en faciliter les moyens et après en avoir acquis la con-
ction de plus en plus profonde, je serais le premier à me soumettre et le seconder. Si au contraire c'est moi qui suis
seul, le vrai, l'unique sauveur du monde, le seul, le vrai Dieu, ils devraient me donner les moyens et le temps de le
ir prouver et après en avoir acquis la conviction, se soumettre à ma raison, me seconder. S'ils ne le font pas, ils ne
uvent que prouver leur faiblesse, leur douleur et leur désespoir portés au dernier point.
Les malheurs de la Pologne sont plus grands que ceux de n'importe quelle autre nation, ils sont même tels, que nous
ils nous avons toujours empêché l'envahissement de l'Europe, la destruction de toutes les nationalités et ceux que
us avons sauvé bien de fois, sont les premiers à nous ériger en leurs mendiants et en mendiants des papes de St-Pé-
rsbourg qui se proclament des remplaçants de Dieu. Leurs prêtres, leurs savants , et leurs représentants des
tionalités ne se servent du mot Dieu, que pour conserver leurs écrits, leurs livres, leurs statues, leurs tableaux,
irs reliques, d'autres objets. Ils ne s'aperçoivent même pas, qu'en agissant ainsi, leurs personnes, leurs enfants, leurs
scendants ne sont rien, et ces écrits, ces livres, ces statues, ces tableaux, ces reliques sont tout.
En 1830 à 16 ans de ma vie, je savais parfaitement, que les papes de St-Pétersbourg, nous détruisent, parce que nous
mmes encore le seul obstacle à la mise en exécution de leurs projets sinistres d'envahissement de l'Europe de destruction
toutes les nationalités et parce que nous avons toujours été les vrais sauvegardiens de la chrétienneté, de la catholicité.
me livrant à des études, je n'ai jamais voulu raisonner sur les religions, parce que je n'avais ni le temps ni l'expérience
cessaire pour en juger. En 1837, à mon 4ᵉ examen du doctorat, en réponse à la question écrite : quelle est l'influence
s corps célestes sur la santé des hommes ? j'ai eu très bien; mes juges étaient satisfaits, mais moi je ne l'étais pas.
rès mon doctorat, tout en travaillant comme le font tous les médecins, j'employais le reste de mon temps à compléter
s connaissances ; ce que je n'ai pu trouver dans les livres je l'ai trouvé dans la création ou dans la vie. En 1839
me livrant à ces recherches, dans la nuit de la Pentecôte, j'ai eu pour rêve, que la flamme d'une lampe pareille à
les qui sont dans la grande nef des églises, est descendue sur moi, sur ma tête, a pénétré tout mon être et est re-
ntée vers cette lampe. Les rêves donc sont vrais, à leur place, pour ceux qui remplissent des missions essentielles. Et s'il
a 1,000, 2, 3, 4 ou 5,000 ans , notre religion avait besoin de dévouement et des connaissances telles qu'elles

étaient, aujourd'hui elle a besoin d'autres dévouements et d'autres connaissances pour la sauver. Ces dévouements et ces connaissances je les ai, et si on veut me les faire connaître je le ferai, sinon que puis-je faire ?

J'ai reconnu avec l'exactitude du calcul, qu'il s'agit du salut du monde, j'ai envoyé le résultat de mes recherches à l'Institut à Paris, à l'Académie de médecine, partout où il fallait, avant tout à S. M. I. Napoléon III, depuis le 21 février 1849, et enfin à mon fils à l'école polonaise de Batignolles à Paris, parce que je peux mourir aujourd'hui, demain, après-demain. J'ai prié les professeurs, le directeur, les administrateurs, et l'aumônier de cette école, de les lire et les lui expliquer, parce qu'il est enfant et n'a pas l'expérience nécessaire pour comprendre l'importance de mes expressions. J'ai lieu de présumer qu'ils ne l'ont pas fait, car mon fils m'écrivait qu'il était sous l'influence des pensées sombres, tristes, nuisibles; son Directeur de l'école m'écrivit aussi, que quoique très-capable et très-instruit déjà, il plongeait dans un gouffre affreux. Jusqu'à nos enfants donc sont sous l'influence de la confusion générale de la pensée et il serait à désirer que je puisse y faire pénétrer toute la chaleur et toute la lumière.

Si dans un régiment tout le bien et tout le mal se faisaient au nom du Colonel et qu'on n'en voulut pas ? ce régiment périrait tant et tant de fois qu'il faut pour produire ce Colonel. N'importe dans quelle réunion, où les mots Président, Duc, Prince, Roi, Empereur, sont des points de ralliement de la pensée, si on n'en voulait pas ? cette réunion périrait tant et tant de fois qu'il faut pour produire ce Duc, ce Prince, ce Roi, cet Empereur. Et au mot Dieu sont attachées les destinées de tous les êtres, avant tout le salut ou la perte du monde ! Là où ce mot est érigé en qualité, en profession, en dynastie, ce corps céleste, ce néant même devient soleil, là où il ne l'est pas il ne le devient pas. Ce Dieu je le suis et me suis proclamé tel. Qu'on me procure les moyens de faire imprimer le résultat de mes recherches, de les faire parvenir partout où besoin est et on verra que je sauverai tous les polonais, la Pologne et le monde ! l'Europe ne sera plus sous la menace incessante d'envahissement, de destruction. En ne me faisant pas passer pour fou, mes enfants et d'autres enfants ne seront plus sous l'influence des idées, tristes, sombres, pernicieuses. L'hospitalité, la générosité, et d'autres mots, ne seront plus un outrage au bon-sens, à l'instinct de conservation des personnes, des êtres et du monde ! mais deviendront des réalités. (Janvier 1865.)

Majestés Impériales et Royales, Messeigneurs, Messieurs, Mesdames.

Me voici rentré dans le giron de l'Eglise et puissent la vérité, l'ordre et le salut qu'on prononce souvent, y être institués à des degrés plus élevés que partout ailleurs.

On ne peut y être introduit mort ou vivant, apercevoir un objet, entendre une voix, qui n'invoque l'Eternel, l'Etre-Suprême, Dieu ! et cependant on ne veut même pas entendre dire, que comme Créateur déjà, Dieu est obligé de se reproduire lui-même et comme solides et comme liquides et comme gazeux et comme impondérables qui composent tous les corps célestes, et comme végétaux et comme insectes, et comme poissons et comme reptiles et comme animaux et comme oiseaux et comme hommes qui les peuplent. Quand cet état des choses se propage pendant tout le temps de création et procréation de tous les corps célestes, tous ils deviennent brisés, broyés, moulus, fondus dans les eaux et réduits au néant, tant et tant de fois qu'il faut pour produire ce Dieu, tel que la création et la procréation l'exigent c'est-à-dire tel que leur salut l'exige. Je le suis, toutes mes pensées, tous mes actes, toutes mes paroles, tous mes écrits, le prouvent, mais quand j'en parle on ne m'écoute pas, quand j'écris on ne me répond pas. On ne se doute pas qu'en agissant ainsi, toutes ces prières, toutes ces invocations, tous ces témoignages de dévouement ne peuvent que dégénérer en blasphèmes, en imprécations et atrocités contre ma personne, comme ils ont dégénéré en blasphèmes, en imprécations et en atrocités contre ceux qui ont fondé les 1,130 religions actuellement existantes, contre Moïse et Jésus-Christ principalement.

Mais Moïse avait des parents, des amis, des connaissances, des compatriotes, des prôneurs; qui après avoir acquis la conviction la plus profonde, de sa bonne foi, de sa résignation, de ses vertus, de ses talents, de ses génies, de ses grandeurs d'âme; les avaient érigé en garanties et en enseignement pour les générations à venir, c'est-à-dire en religion.

Jésus-Christ avait aussi, des parents, des amis, des connaissances, des compatriotes, des prôneurs; qui après avoir acquis la conviction de plus en plus profonde, de sa bonne foi, de sa résignation, de ses vertus, de ses talents, de ses génies, de ses grandeurs d'âme ; les avaient également érigé en garantie et en enseignement pour les générations à venir c'est-à-dire en religion.

Mes malheurs sont plus grands que ceux de Moïse et de Jésus-Christ, car je n'en ai pas et ceux que j'ai sont pires que si je ne les avais pas. Quand je leur parle ou écris, ils ne me répondent pas ou ne me répondent, que pour me blâmer, m'insulter, m'outrager. Je suis assuré à l'avance, que si les prières, les invocations et les témoignages de dévouement du public, dégénéraient en blasphèmes, en imprécations et en atrocités contre ma personne, ils seraient les premiers à me frapper, me lapider, me déchirer en morceaux. A mes enfants même, tout en enseignant à acquérir toutes les garanties pour les générations à venir, à les soumettre à l'exactitude du calcul, je suis obligé d'enseigner, à se résigner pendant toute leur vie, de passer pour des incompréhensibles, pour des originaux, des fous, dans l'espoir de parvenir un jour à sauver le monde !

Je n'ai jamais ignoré, que beaucoup de personnes de bonne foi, en France, en Angleterre et partout, sont rangées dans la catégorie d'incompréhensibles, d'originaux, des fous, pendant des bien longues années; mais je sais aussi que tôt ou tard on les écoute, on leur répond, on leur procure les moyens d'écrire et publier le résultat de leurs recherches. Leur but ne pouvant être autre, que de parvenir à des emplois, à des grades, des titres, des honneurs, des dignités et des récompenses, ils y parviennent ; et une fois atteint, ni eux ni leurs enfants n'ont plus besoin de s'exposer à des dangers imminents qu'augmentent en raison de l'importance de la mission qu'on remplit. S. M. I. Napoléon III y a été exposé pendant 32 ans de sa vie d'exil et de malheur, son but ne pouvant être autre, que de parvenir à la couronne et au trône de France, maintenant qu'il est atteint, ni son auguste personne, ni ses enfants, ses descendants, n'ont plus besoin de s'y exposer.

J'ai l'honneur d'être naturalisé français depuis le 28 janvier 1838, comme tel je devrais avoir le droit d'être écouté quand je parle, de recevoir des réponses quand j'écris aux autorités principalement, d'écrire, faire imprimer et publier le résultat de mes recherches. Je n'ai pu en être exclu jusqu'aujourd'hui, que parce qu'avant tout je suis émigré polonais issu de ceux qui ont toujours été les vrais sauvegardiens de la chrétienté, de la catholicité, qui sont encore le seul obstacle à la mise en exécution des projets sinistres d'envahissement de l'Europe, de destruction de toutes les nationalité que les papes de St-Pétersbourg poursuivent sans relâche depuis 150 ans environ. Les journaux français et d'autres pays, les annales et les traditions des peuples, toutes les personnes de bonne foi savent, que depuis 89 nous avons sauvé la France non pas une, mais 2, 3, 4, 5 fois et plus. Maintenant encore, si la France et le monde pouvaient être sauvés de tous les malheurs dans lesquels ils plongent, de tous les dangers qui les menacent sans cesse, ils ne pourraient l'être que par des émigrés polonais et pourquoi ne le dirais-je pas, par moi seul, par personne autre. C'est donc à Messieurs les Français, à être polis, honnêtes, reconnaissants envers nous et non à nous envers eux. Le contraire cependant a lieu, car je n'ai jamais manqué de formes, de convenances, de politesse, d'égards dus à qui que cela soit et je n'ai jamais reçu autant de mauvaises manières qu'à   à   et ailleurs. Les 600 francs qui ont été votés de priorité et d'urgence ne m'ont pas été donnés, quand quelqu'un du pays ou des environs me demande on le détourne, quand j'ai un malade on cherche à me l'enlever pour le procurer à d'autres médecins. De tout temps, quand je restais chez moi, à mes devoirs d'époux, de père, d'homme d'instruction, d'intelligence, d'étude ; je n'étais qu'un jaloux, un faible d'esprit, quoique j'ai accompli des travaux, qui mis en évidence, soumis à l'exactitude du calcul, étonneraient toutes les intelligences. Quand j'entrais dans des maisons, des familles, où il y avait des femmes jeunes et âgées, je n'étais qu'un courtisan, un séducteur. Lorsque j'allais au café, lire les journaux, faire la partie, me distraire, j'étais un habitué des cafés, un joueur, quoique je restais jusqu'à 10, 15, 20 ans d'y paraître. À présent je fréquente l'église et me voici hypocrite, prêt à être frappé, lapidé, déchiré en morceaux. Ceci est de l'hospitalité, il en est de même dans d'autres pays, peut-être même dans toute la présente génération du genre humain ; j'en suis membre, hôte et je devrais avoir le droit non seulement de pénétrer partout où besoin est, mais encore de passer pour ce qu'on veut, quand même je ne l'aurais jamais été.

Il y a quelques années déjà qu'on m'a ôté tous les moyens de gagner de quoi exister, de végéter ; et je serais infiniment reconnaissant si on voulait bien obtenir pour moi, une pension suffisante à mon entretien, ne serait-ce que sur le tiers d'aumônes du grand jubilé, que le S. P. le Pape a destiné aux polonais qui ont tout sacrifié pour leur foi. (Avril 1865).

Majestés Impériales et Royales, Messeigneurs, Messieurs, Mesdames.

Le S. P. Pie IX a bien voulu destiner le tiers d'aumônes du grand jubilé, aux polonais qui ont tout sacrifié pour leur foi. Ce tiers d'aumônes peut s'élever à 50, 60, 100 millions ; et si le S. P. le Pape les confie à des prêtres polonais, à des polonais, à d'autres personnes, ils en feront ce qu'ils ont fait jusqu'aujourd'hui, c'est-à-dire qu'ils ne parviendront jamais à sauver ni la chrétienté, ni la catholicité, ni le monde ! n'en connaissant pas les moyens. Tandis que si le S. P. le Pape voulait bien en faire détacher 30, 40, 50, 100,000 francs et plus, les confier à une commission à Rome, à Fréjus ou ailleurs, m'en accorder ne serait-ce que le revenu, je l'emploierais en partie à faire imprimer le résultat de mes recherches, à les faire parvenir partout où besoin est, et si plus tard on voulait entreprendre avec moi une polémique dans les journaux des provinces et de la capitale, je peux assurer à l'avance, que j'aurais pour moi d'abord toutes les intelligences d'élite et peu à peu tout le monde. Il y a 33 ans qu'on me fait passer pour incompréhensible, pour original, pour fou ; quoique rien dans ma vie privée et publique, n'a jamais dénoté le manque de formes, de convenances, de politesse, d'égards dus à qui que cela soit. A mes enfants même je suis obligé d'enseigner à se résigner pendant toute leur vie de passer pour tels, mais je sens qu'eux et moi nous succomberions dans cette voie, si des personnes bienveillantes ne venaient à notre aide, à notre secours. Eux et moi morts, toute la chrétienté, toute la catholicité périraient.

Majestés Impériales et Royales, Messeigneurs, Messieurs, Mesdames.

Je supplie de vouloir bien envisager de nouveau, que beaucoup de personnes de bonne foi, en France, en Angleterre et partout, sont rangées dans la catégorie d'incompréhensibles, d'originaux, des fous, pendant des bien longues années. Ceux qui sont dans leurs patries, qui habitent des villes, qui peuvent obtenir de la publicité, parviennent tôt ou tard à faire partager leurs convictions à beaucoup de personnes, qui s'empressent de détruire ces qualifications, les entourent de tous leurs soins et leur accordent toute leur considération, toute leur estime, tout leur respect. Ceux qui ne sont pas dans leurs patries, qui n'habitent pas des villes, ceux qui ne peuvent obtenir de la publicité, sont obligés de se résigner pendant toute leur vie à passer pour tels. Cependant on devrait réfléchir, que de même que ceux qui vont à la recherche des diamants, des pierres précieuses, de l'argent, de l'or, d'autres objets, sont obligés de parcourir des espaces, de surmonter des obstacles, de s'exposer à des dangers ; et une fois qu'ils les ont trouvés, on leur facilite les moyens de les faire apprécier, de les faire estimer, de les faire valoir en particulier et en public, au moyen de publicité et autrement. De même ceux qui cherchent à résoudre des problèmes religieux, scientifiques et nationaux, sont obligés d'y consacrer toute leur vie, de surmonter des obstacles, de s'exposer à de plus grands dangers : et une fois qu'ils les ont résolus on devrait leur faciliter les moyens de les faire apprécier, de les faire estimer, de les faire valoir en particulier et en public au moyen de publicité et autrement. J'ai l'honneur d'être naturalisé français depuis le 28 janvier 1838, mais avant tout, je le répète, je suis émigré polonais, c'est-à-dire, que je suis victime de tous les événements religieux, scientifiques et nationaux. Là en effet, on est prédestiné à toutes les souffrances physiques et morales, à toutes les tortures, à tous les genres de mort, par les papes de St-Pétersbourg, par leur gouvernement et et leurs prêtres, qui depuis 150 ans environ, tendent à l'envahissement de l'Europe, à la destruction de toutes les nationalités. Mais partout ailleurs on est exposé à des dangers pareils par d'autres papes, dont il y a 1,430, par leurs gouvernements et leurs prêtres, qui ne reconnaissent pour saints et pour Dieu que 100, 200, 300 ans après la mort, s'emparent de leurs attributs de sainteté, de divinité et se proclament leurs remplaçants. Partout des dangers et des victimes, partout on a dépassé toutes les bornes du bien et du mal et il est du devoir de tous les hommes de chercher les moyens d'y obvier. Et tant qu'on ne soumettra pas toutes les connaissances à l'exactitude du calcul, tant qu'on ne reconnaîtra pas que ceux qui les expriment avec l'exactitude pareille à celle de 2 et 2 font 4, 3 et 3 font 6, 4 et 4 font 8, ceux-là sont de bon compte et de bonne foi ; et ceux qui les exposent avec l'inexactitude pareille à celle de 3 et 3 font 5, font 6, font 7, font 8 etc., ceux-là sont de mauvais compte, de mauvaise foi, on n'aura aucun moyen de s'orienter, de se conduire. Si je parviens à me faire lire partout où besoin est, je le répète, j'aurais pour moi, d'abord toutes les intelligences d'élite et peu à peu tout le monde. On me procurera en même temps les moyens de détruire les qualifications d'incompréhensible, d'original, de fou, qui me tuent, [illegible] mes enfants. (Juillet 1865.)

Majestés Impériales et Royales, Messeigneurs, [illegible] eurs, Mesdames.

Je prie de vouloir bien envisager, qu'il y a en [illegible] billions de dettes apparentes d'hypothèques, 10 billions les dettes qu'on appelle déficit, les dettes qu'on nomm[e] [illegible] centimes additionnels, les emprunts communaux ;

les faillites et les banqueroutes ne s'élèvent pas à moins de 40 billions par an, en tout 70 billions. L'entretien des êtres inférieurs, aides indispensables de l'existence des hommes, exige 20 billions au moins par an, ce qui équivaut à 90 billions. S'il y a en France 38 millions de personnes, et si l'entretien de chacune d'elles exige 1, 2, 3, 4, 5 francs par jour, en denrées, les besoins de la population française ne peuvent qu'être, de 15, 30, 45, 60, 75 billions par an. Les dettes et les besoins de la France, sont donc de 165 billions et pour suffire à tout elle n'a que son sol, qui ne vaut que 40 billions et ne produit que deux, deux et demi, trois pour cent ou tout au plus 1,200 millions.

On nous dit chaque année que nous sommes au bord de l'abîme, ici tout le monde peut se convaincre que nous n'y sommes pas au bord mais tout à fait au fond ; et ce n'est point pour la vaine satisfaction de contredire ceux qui s'expriment ainsi, que j'ai pris la liberté d'exposer ce qui précède, mais pour prévenir du plus grand danger.

Toutes les mères, tous les pères, tous ceux qui gouvernent leurs semblables et principalement : tous les Présidents des républiques, tous les Chevaliers, tous les Barons, tous les Comtes, tous les Marquis, tous les Ducs, tous les Princes, tous les Rois, tous les Empereurs, tous les Papes, devraient en être prévenus et chercher les moyens d'y obvier.

A l'insuffisance du sol n'importe en quel temps, en quels lieux qu'elle se produise, on ne peut obvier autrement, qu'en acquérant des propriétés dans d'autres pays du globe terrestre, à moins qu'il n'offrit plus assez de place pour le cultiver et parcourir des espaces. On dispose des centaines, des milliers, des millions de personnes, pour la construction des tunnels, des mines, des canaux, des chemins, des chemins de fer; on peut disposer du nombre nécessaire des bergers, des valets, des fermiers, des laboureurs, pour cultiver ces propriétés aux conditions et des garanties les plus convenables. Il y a en France 8 millions d'ouvriers, que le moindre chômage, la moindre inoccupation et le travail outré réduit à la dernière des misères, plonge dans des maladies héréditaires ou non; on n'a qu'à diriger l'attention de tout le monde, sur ce que, les produits français sont recherchés, qu'on n'a qu'à attacher à chaque consul, chaque ambassadeur, des hommes de confiance avec leurs prix courants, afin d'en faire offre à toutes les nations, tous les gouvernements. Des millions et des billions de commandes en objets de chaussure, d'habillements, d'armement, de luxe, d'ameublement et autres, leur seront faites chaque année.

Partout il y a des français, qui ont demeuré 10, 15, 20 ans, en Italie, en Allemagne, en Turquie, en Abyssinie, en Mexique ; qui peuvent attester, que là il y a des campagnes de 150 à 200,000 francs qui possèdent : 4 ou 5,000 chevaux, 4 ou 5,000 mulets, 30 ou 40,000 bœufs, 30, 40, 50,000 moutons. Que le sol en est tellement fertile, tellement productif, que s'y on y met de l'engrais il ne produit rien. Chaque hectolitre de blé semé y produit 50, 60, 80, 100, 150 hectolitres par an. Pour les cultiver et élever le bétail, 10, 15, 20 personnes suffisent.

Si des compagnies françaises acquéraient de ces campagnes, en faisaient apporter les produits en France, par les chemins de fer et les bateaux à vapeur, et les vendaient, elles pourraient réaliser et faire réaliser à leurs actionaires, des bénéfices immenses. Deux mille chevaux vendus 500 francs chacun pourraient rapporter jusqu'à un million, deux mille mulets à 500 francs chacun un million, 20,000 bœufs à 200 francs chacun 4 millions, les moutons et le blé un million, en tout 7 millions. Chaque placement de 150 à 200,000 francs pourrait rapporter jusqu'à 7 millions, de 1,000 francs jusqu'à 35,000 francs, de 100 francs jusqu'à 3,500 francs, de 10 francs jusqu'à 350, d'un franc jusqu'à 35 francs par an.

L'acquisition du sol, sa culture et son exploitation, sont non seulement la première condition de l'existence, mais encore la meilleure de toutes les spéculations. (Octobre 1865.)

Majestés Impériales et Royales, Messeigneurs, Messieurs, Mesdames.

Je prie encore de vouloir bien envisager, qu'après avoir puisé les connaissances qu'on puise, dans tous les petits et les grands séminaires, dans toutes les écoles, tous les colléges, tous les lycées, toutes les facultés, toutes les universités; dans leurs sociétés savantes, leurs académies, leurs instituts; même dans leurs écrits, leurs imprimés, leurs livres, leurs librairies, leurs cabinets de lecture, leurs bibliothèques; on est étonné de ne point trouver de définition exacte, de ce que c'est qu'un soleil, une planète, une comète, un aérolithe, une nébuleuse, un nuage, un atôme de fumée de vapeur de rien. Les corps célestes sont nos abris, nos locaux, nos localités; nous y naissons, nous y mourons, et ne point chercher à savoir ce qu'ils sont, quel est leur mode de création et procréation, leur commencement et leur fin, leur destinée ? c'est vouloir toujours tout ignorer, marcher à leur perte et la nôtre. Si sous le point de vue de l'existence physique la France et le monde sont au fond d'un abîme, sous le point de vue de l'existence intellectuelle, ils ne peuvent qu'être au fond d'un gouffre, d'un chaos. C'est encore un des plus grands dangers et il est du devoir de tout le monde de le signaler.

Et si à l'insuffisance du sol, n'importe en quel temps, en quel lieu qu'elle se produise, on ne peut obvier autrement, qu'en dirigeant l'attention des Compagnies, des Consuls, des Ambassadeurs, des Ministres et des gouvernements; vers l'acquisition des propriétés dans d'autres pays du globe terrestre, à moins qu'ils n'offrit plus assez de place pour le cultiver et parcourir des espaces ? A l'insuffisance des connaissances, n'importe en quel temps, en quel lieu qu'elle se produise, on ne peut obvier autrement, qu'en dirigeant leur attention, vers l'acquisition de ces connaissances chez ceux qui les ont, à moins qu'ils ne soient morts et enterrés. Je les ai, j'ai appris depuis longtemps à les exposer, en des paroles et des écrits de plus en plus vrais, de plus en plus exacts, de plus en plus indispensables et utiles. Je les ai communiqués à l'Institut à Paris, à l'Académie de médecine, à des publicistes, partout où il fallait, avant tout à S. M. I. Napoléon III depuis le 21 février 1849. Par l'intermédiaire de LL. EE. MM. les Ambassadeurs à Paris, je je les ai communiqués à LL. EE. MM. les Ministres et LL. MM. RR. et II. à Londres, à Madrid, à Florence, à Vienne, à St-Pétersbourg et au S. P. le Pape à Rome. Mais n'ayant jamais pu obtenir une réponse, il est évident qu'ils veulent toujours tout ignorer et périr.

Cependant de même que l'acquisition du sol, sa culture et son exploitation sont la première condition de l'existence ; de même l'acquisition de ces connaissances, leur culture et leur exploitation sont des conditions essentielles de l'existence de tous les corps célestes et de tout ce qui les peu... ...existence du monde ! (Octobre 1865.)

Majestés Impériales et Royales, Messeign... ...ssieurs, Mesdames.

Les journaux français et d'autres pays, publie... ...ais se sacrifient pour l'avenir du monde. Mais on ne fait pas attention, que la destinée qu'on leur réserve... ...ervée à toutes les personnes de l'Europe, de l'Afrique, de l'Asie, de l'Amérique. En Pologne les po... ...euvent manger un morceau de pain, boire un verre d'eau, cultiver des propriétés, sans s'exposer à toutes so... de dangers, même à celui de renoncer à leur religion chrétienne, catholique , apostolique , romaine. Dans l'exil depuis 1773, nous prévenons tout le genre humain et ses généra-tions, que ces dangers sont réservés à toutes les personnes de n'importe quelle autre religion, de n'importe quelle autre nationalité, sans le moindre espoir de parvenir un jour à les leur faire éviter.

Dans cet état, je le répète, la vie est un supplice, la mort un bienfait et comme ce sont nos semblables qui nous créent ces positions, comme il est probable qu'à leur place nous en ferions autant, il y aurait de quoi les prendre en horreur, nous prendre en horreur et ne rien faire pour prolonger cette triste existence, si on était seul. Mais lorsqu'on a des enfants, quand on sait que près de l'eau ils se noiraient, près du feu ils se brûleraient, qu'ils ne sauraient éviter aucun des dangers si grands qui menacent le monde ! oh alors, on se résigne à vivre dans l'espoir de parvenir un jour à les leur faire éviter. Le peut-on aujourd'hui ? non; parce que la direction des personnes, de leur conscience privée et publique, de toutes les pensées, de tous les actes, de toutes les paroles, de tous les écrits, dès l'âge le plus tendre de l'enfance, de la naissance même, a été ôtée aux mères et aux pères des familles par des prê-tres. Et si ces prêtres n'existaient qu'à leur état, d'Abbés, des Vicaires, des Recteurs, des Curés, d'Evêques, d'Archevêques, des Cardinaux, des Papes; il y a bien longtemps qu'on aurait reconnu, que leur mission, leur profession et leurs fonctions, ne sont autres que celles, des inhumations, des enterrements et pas plus ; que leurs connaissances ne sont qu'à l'état des souvenirs de ceux qui nous ont précédés dans la vie, il y a 1, 2, 3, 4, 5, 10, 100, 1,000, 2, 3, 4 ou 5,000 ans ; ou à l'état des rêves, des songes, des visions, des hallucinations ; on les aurait enfermés dans leurs bornes, leurs devoirs et on s'en serait affranchi. Si on ne l'a pas fait, c'est parce qu'en se procla-mant des remplaçants des patriarches, des prophètes, des martyrs, des apôtres, des saints, des élèves, des disciples, des élus, des élus d'entre les élus de Dieu, des hommes se disants Dieu, et de Jésus-Christ qui se disait fils de Dieu ; ils ont produit le même désordre, qu'on produirait, si après avoir établi que 0, 1, 2, 3, 4, 5, 6, 7, 8, 9 doivent avoir la valeur telle qu'ils ont, après avoir déterminé que chacun de ce nombre placé à droite ou à gauche de chacun d'eux, l'augmente ou la diminue, après avoir élaboré toutes les opérations du calcul, si on en empêchait, ceux qui les font sous prétexte que chacun de ces nombres remplace l'autre ou n'a point de valeur. Si nos prêtres continuent à se proclamer des remplaçants de Jésus-Christ, de St-Pierre, St-Paul et nous leurs brebis, leurs agneaux, ils ne peuvent qu'aboutir à être logés, nourris, traités, comme l'ont été Jésus-Christ, St-Pierre, St-Paul et nous comme ses brebis et ses agneaux. Si au contraire nos prêtres veulent devenir des fonctionnaires privés et publics, ils ne peuvent qu'obtenir qu'ils les soient et que nous le soyons.

Ne faites pas à autrui ce que vous ne voulez pas qu'on vous fît, ou faites à autrui ce que vous voulez qu'on vous fît, est le principe sauveur, pour tout le genre humain, pour tous les êtres, pour notre corps céleste, pour tous les corps célestes et tout ce qui les peuple; ils n'ont qu'à l'étendre ainsi, à acquérir des connaissances indispen-sables et ils verront qu'ils se sauveront et nous sauveront. — Ou le désordre et la perte, ou l'ordre et le salut.

Ils devraient même en avoir hâte, car des Présidents des républiques, des Ducs, des Princes, des Rois, des Em-pereurs, sont Papes, se proclament des remplaçants de Dieu, de fils de Dieu, des saints et nous proclament leurs brebis, leurs agneaux : ceux de St-Pétersbourg enseignent encore à leurs enfants, dès le berceau, qu'ils ont tous les moyens d'envahissement de l'Europe, de destruction de toutes les nationalités qu'ils poursuivent sans relache depuis 150 ans environ. (Mars 1866.)

Majestés Impériales et Royales, Messeigneurs, Messieurs, Mesdames.

En tout temps, en tous lieux où il y a des hommes, des oiseaux, des animaux, des reptiles, des poissons, des insectes; ils ont des sens : de la vue, de l'ouïe, du toucher, de l'odorat, du goût, de la phonation, de la procréation ; au moyen desquels ils acquièrent : des rêves, des songes, des visions, des hallucinations ; ou des influences, des impul-sions, des impressions, des sympathies, des sentiments, des passions. Les êtres inférieurs voient cela, le sentent, le comprennent, se l'enseignent; ils ont l'instinct et la conscience de la valeur de leur existence, l'instinct et la conscience de la valeur de l'existence des êtres de plus en plus élevés parmi eux, l'instinct et la conscience de la valeur de l'existence de l'homme et des hommes. Ces derniers seuls, ne le voient pas, ne le sentent pas, ne le comprennent pas, ne se l'enseignent pas, n'ont point d'instinct et de conscience de la valeur de leur existence et sont sans pitié et pour eux-mêmes et pour tous leurs semblables et pour tous les êtres. Ce sont des dangers portés à leurs dernières limites et il est du devoir de tous les hommes de les étudier, de chercher les moyens d'y obvier et les signaler. Il n'y a pas un mot, pas une phrase, pas une page de mes écrits qui n'en atteste ; et cependant jusqu'au   dans ses séances du 4 mai et du 1er juin dernier, on m'accuse d'irréligion, on me confond parmi des insensés, atteints de folie, de manie d'écrire. D'abord folie à la rigueur ne doit signifier, que lier à faux ; et dès l'instant que j'indique les moyens de se rendre compte, de ce qui nous rallie à tous nos semblables, à tous les êtres, à notre globe terrestre, à tous les corps célestes et tout ce qui les peuple, ce n'est pas moi qui lie à faux. J'ai été plus convenable que tous ceux qui agissent autrement, puisque j'ai coordonné toutes les con-naissances, en rêves, en songes, en visions, en hallucinations ; et en influences, en impulsions, en impressions, en sympathies, en sentiments, en passions. Quant à la manie d'écrire, elle ne peut que m'être commune avec tous ceux qui apprennent à écrire, avec tous ceux qui écrivent pendant 10, 20, 30, 40, 50, 100 ans de leur vie et avec tous ceux qui ont écrit, il y a 2, 3, 4, 500, 1,000, 2, 3, 4, ou 5,000 ans. — Manie ici doit signifier manier la main et la plume.

Si on n'agit ainsi que dans l'intention de me détruire et détruire mes enfants, qu'on le fasse au plus tôt, c'est le meilleur. Si au contraire on ne veut ni me détruire, ni détruire mes enfants, on doit me procurer les moyens, de faire imprimer le résultat de mes recherches, de les faire parvenir partout où besoin est, et on verra qu'il en résultera le plus grand avantage et pour la France et pour la Pologne et pour le monde entier. (Juillet 1866.)

Majestés Impériales et Royales, Messeigneurs, Messieurs, Mesdames.

De tout temps il y a eu des personnes exposées à toutes sortes de dangers, qui consacraient toute leur vie à les étudier, à chercher les moyens d'y obvier, se les enseignaient et les enseignaient à leurs enfants, leurs descendants, jusque dans leurs familles, leurs nations et leurs générations du genre humain. De tout temps il y a eu aussi, des nullités religieuses, scientifiques, et nationales ; des personnes incapables de constater, de vérifier n'importe quel acte de la création ou de la vie, qui s'emparaient des travaux accomplis, pour se procurer l'existence assurée, le bien-être, les emplois, des grades, des titres, des honneurs, des dignités et des récompenses de plus en plus élevées.

En ce qui me concerne, je n'ai jamais hésité de donner des preuves de dévouement religieux, scientifique et national , qui m'est commun avec tous mes compatriotes ; j'ai été forcé de consacrer toute ma vie , à m'exposer à toutes sortes de dangers, à les étudier , à chercher les moyens d'y obvier, à les communiquer partout où besoin est ; et je sais positivement , que souvent une phrase , une page de mes écrits , communiqués à Paris et ailleurs a non seulement fait éviter aux personnes et personnages, de très grands dangers, mais encore leur a fait obtenir de positions élevées, gagner des millions et des billions. Que doit-on en conclure ? qu'en Pologne, les polonais, n'importe quoi qu'ils fassent, les prêtres, les savants et les représentants du pouvoir, ne se servent de leurs connaissances religieuses, scientifiques et nationales , que pour les torturer, martyriser, les détruire et se l'enseignent de père en fils de famille en famille, de génération en génération , depuis 150 ans environ. Dans l'exil , depuis 1773 , les prêtres les savants et les réprésentants de nationalités , se servent du prétexte de leur hospitalité, et d'autres prétextes, pour nous exploiter , nous torturer, martyriser, nous détruire, au moral et au physique , et lorsque nous nous plaignons, jusqu'à leurs femmes et leurs enfants, ne se gênent pas du tout de dire : « Vous êtes heureux qu'on ne vous traite « comme on traite dans votre pays, même les enfants de 3 , 4 , 5 , 10 ans, dont les ossements et les cadavres « jonchent les routes des Sybérie et des prisons. Quant à vous exploiter, vous torturer, martyriser, vous détruire , mora- « lement et physiquement vous n'êtes bons qu'à cela, tant pis pour vous, vous ne pouvez même pas vous venger. » Ce sont des dangers extrèmes et tous les polonais émigrés et en Pologne , doivent en être prévenus, doivent chercher les moyens d'y obvier, se les enseigner et les enseigner à leurs enfants même en bravant les menaces et les imprécations des blasphémateurs de toutes sortes. Dans nos foyers , nos pensionnats et nos écoles , nous devons enseigner à nos enfants de tous les âges, que lorsque des polonais portèrent à Rome , des trophées pris sur des mécréants et lors qu'en échange ils demandèrent des reliques, le S. P. Sixte VII , je crois, leur répondit : « Pourquoi me demandez-vous « des reliques, il n'y a pas une parcelle de votre terre, si petite qu'elle soit, qui ne soit une relique ? » Que si la moindre parcelle de notre terre est une relique, nos parents, nos ayeux, nos ancêtres , ne pouvaient qu'être : des vrais patriar- ches , des vrais prophètes, des vrais martyrs, des vrais apôtres, des vrais saints , des vrais élèves, des vrais disciples des vrais élus, des vrais élus d'entre les élus de Dieu , des vrais hommes se disant Dieu, des vrais Jésus-Christ se disant fils de Dieu et nous des vrais Sauveurs du monde, puisqu'on ne nous laisse exister , que pour le prévenir de dangers extrèmes.

Tout le monde sait, que Sobieski, roi de Pologne , avait sauvé la chrétienté , la catholicité, et avait été pro- clamé juge des rois ; il n'y a pas un polonais par conséquent , qui n'ait le droit de se proclamer sauvegardie de la chrétienneté , de la catholicité, qui n'ait le droit de juger : tous les Rois, tous les Princes , les Ducs, les Marquis, les Comtes, les Barons, les Chevaliers ; et tous les Chasseurs , Pêcheurs , Laboureurs , Ouvriers , Artis- tes, Marchands, Fabricants, Négociants, Banquiers, Soldats, Administrateurs , Hommes des lettres , des sciences , des théâtres, Avocats, Pharmaciens, Médecins, Nobles. Quand on dit hommes on dit aussi femmes, il n'y a pas un seul polonais qui n'ait le droit de juger, toutes les femmes et tous les hommes. Les femmes sont nos mères, nos sœurs nos compagnes, nos filles ; et nous priver de leur témoigner toute notre reconnaissance, nos hommages, notre culte c'est vouloir étouffer jusqu'à l'instinct de conservation des personnes , des êtres et du monde. Quant aux hommes qu'ils soient prêtres, savants ou représentants des nationalités, ils doivent reconnaître, qu'au mot Dieu, sont atta- chées les destinées de tous les êtres, avant tout le salut ou la perte de tous les corps célestes et de tout ce qui les peuple, le salut ou la perte du monde. Si leur intention est de sauver Dieu, vivant, en personne et sauver toutes ses œuvres, ils doivent l'avouer hautement , même en enseigner les moyens à leurs enfants, leurs descendants ; si au con- traire leur intention est, de détruire Dieu et toutes ses œuvres, ils doivent l'avouer non moins hautement et le leur enseigner.

Les libres penseurs doivent apprendre une fois pour toutes, que tous les hommes doivent être libres de prouver qu'ils ont de la bonne foi, de la résignation, des vertus, des talents, des génies, des grandeurs d'âme ; et libres de prouver : qu'ils sont de mauvaise foi, des illusionnaires , des menteurs , des voleurs , des assassins, des empoison- neurs. Les premiers doivent être récompensés, les seconds punis et doivent l'être comme je l'ai indiqué dans mes écrits et mes imprimés. Seulement , si c'est moi qui dois les mettre en exécution, il ne peut en résulter que le plus grand avantage et pour la France et pour la Pologne et pour le monde entier ; si au contraire ce sont mes prétendus remplaçants qui doivent le faire , il ne peut en résulter que le plus grand désavantage et pour la France et pour la Pologne et pour tout le monde. Depuis Pierre-le-Grand, tous les Russes, leurs Empereurs principalement , ne cessent de dire : « qu'il y a bien longtemps que tous les français ont perdu la tête et que les polonais sont encore « plus fous qu'eux. » N'avoir d'autre avenir à offrir à nos enfants, nos descendants, c'est désolant ! (Août 1866)

Majestés Impériales et Royales, Messeigneurs, Messieurs, Mesdames.

De même que Moïse, Jésus-Christ et tous ceux qui ont suivi leurs voies, étaient exposés à toutes sortes de dangers en Egypte, dans la Judée, à Rome et ailleurs ; consacraient toute leur vie , à les étudier, à chercher les moyens d' obvier, se les enseignaient et les enseignaient à leurs enfants, leurs descendants, jusque dans leurs familles, leurs nations et leurs générations du genre humain ; de même nous polonais, moi au moins, je suis forcé de consacrer toute ma vie à m'exposer à toutes sortes de dangers, à les étudier, à chercher les moyens d'y obvier et les enseigner à mes enfants, pour qu'ils puissent les communiquer aux générations présentes et à venir.

Mais est-ce chez moi, chez les parents de mes enfants, dans des écoles et ailleurs, que je pourrais le faire ? non parce que partout il y a des chefs, qui en se proclamant amis des St-Pétersbourgeois, ne sont que leurs exécuteurs des hautes-œuvres, nos bourreaux. Ces amis des St-Pétersbourgeois sont même déjà tellement nombreux , qu'on ne peut traverser, une rue, un sentier, une route ; aboutir à une campagne, une maison, sans qu'on offre des objets à la russe, sans qu'on ne parle des russes. En 1863, quand des polonais éplorés, invoquaient au ciel la justice, quand leurs exterminateurs les sabraient, les massacraient, des commis-voyageurs faisaient le plus grand éloge de ces der- niers et blasphémaient les premiers. Après le traité de Paris , lorsque le blé ne valait que 10, 12 francs l'hectolitre des industriels, des commerçants disaient partout : « c'est l'empereur Alexandre II qui par amitié, par pitié pour le « peuple français, a fait venir beaucoup de blé afin de le nourrir. » Pendant l'expédition de Crimée, dans des maisons dans des salons, dans des églises, on ne cessait de dire : « tant mieux ! les russes battront les français , viendront mettre ordre et selon le goût des rouges , des blancs, des bleus, mettront à là tête du gouvernement, telle ou telle personne ou personnage. » Il est évident que le malheur , l'évènement analogue à ceux qui se sont succédés fois depuis 89 ne peut que se reproduire, et que la Russie, l'Autriche, la Prusse, l'Angleterre, l'Amérique et l'Italie ; seront forcées d'envahir la France, non pas pour y mettre ordre, y mettre à la tête du gouvernement telle ou telle personne ou per onnage, mais pour la détruire. Le moral français proprement dit français étant détruit, le physique ne peut que l'être.

C'est encore des dangers extrêmes et quoique malade, souffrant, endolori, je ne dois pas les taire. (Octobre 1866.)

Majestés Impériales et Royales, Messeigneurs, Messieurs, Mesdames.

Des dangers extrêmes, les plus grands malheurs, menacent tous les émigrés polonais, tous les polonais, tous nos nfants et qu'il me soit permis de les signaler.

Tous nos malheurs, tous nos dangers proviennent de ce que, nos prêtres, nos savants et nos représentants de na-ionalité, ont de tout temps été forcés de satisfaire le moindre caprice, le moindre désir de leurs exterminateurs, au oint qu'il ne leur a pas été possible de reconnaître que depuis que Pierre-le-Grand a été érigé en pape, les papes le Rome, leurs Cardinaux, leurs Archevêques, leurs Évêques et leurs prêtres; n'existent qu'à l'état des fantôme• effrayants pour ceux qui y croient et n'inspirent que la plus vive répulsion, le plus profond dégoût, à tous ceux qui 'y croient pas. Les histoires ecclésiastiques et autres, les annales et les traditions des peuples attestent : que les papes le Rome et leurs prêtres, nous ont toujours sacrifié, nous ont plongé dans des malheurs inouïs, nous ont livré à la lestruction la plus complète ; dans l'espoir, que des moscovites, des St-Pétersbourgeois, des prétendus russes ; des nglais, des allemands, des européens, des africains, des asiatiques, des américains, deviendront chrétiens, catholi-ques, apostoliques, romains. Il y a 1,130 religions, 1,130 églises, 1,130 catégories des prêtres, 1,130 papes ; et il 'y a pas un seul pape, pas un seul prêtre, qui ne sacrifia toutes les mères, tous les pères des familles, tous es enfants dans l'espoir de prouver, que chacune de leurs prétendues religions est la meilleure.

De tout temps il y a eu des persécuteurs et des victimes, mais du temps de Moïse les persécutés pouvaient hercher une partie du globe terrestre inhabitée, pour y exister, se propager, Chanaan. Du temps des romains, es libérés, après avoir compris que ceux qui les avaient condamnés à expier leurs peines, étaient infiniment plus oupables qu'eux, pouvaient trouver une partie du globe terrestre inhabitée, et y fonder, une ville, un royaume, un mpire, Rome. Du temps de Jésus-Christ, il n'était plus permis de trouver une partie du globe terrestre inhabitée t il fallait se résigner, à être torturé, martyrisé, détruit et livré en réjouissance au public, dans sa patrie. Depuis ors a surgi la France, un pays, qui n'a jamais produit de quoi nourrir que le douzième de sa population et il y a u 5, 10, 15, 22 et 37 ou 38 millions. Là la première condition de l'existence, est le cuivre, l'argent, l'or, le papier t tout ce qui s'en suit ; comme s'y on pouvait nourrir le corps et l'esprit, avec ce cuivre, cet argent, cet or, ce apier et tout ce qui en résulte. Ce sont des dangers extrêmes mais ses prêtres, ses savants et ses représentants de ationalité, sont tellement appliqués à satisfaire le moindre caprice, le moindre désir de leurs supérieurs en France t à l'étranger, que lorsqu'on les en prévient ils répondent : « qu'ils n'ont pas le temps de vous écouter ou ous lire. »

Telle est notre existence depuis 37 ans, depuis août 1845 je me suis épuisé à les en prévenir en des paroles et es écrits de plus en plus vrais, de plus en plus exacts, de plus en plus indispensables et utiles ; maintenant il ne ne reste qu'à recommander à mes enfants à y persévérer dans l'espoir de sauver tous les corps célestes et tout ce qui es peuple, de sauver le monde ! Mais si moi qui suis endurci, usé, par des malheurs et dangers, si j'ai choué, qu'on juge, si eux qui sont encore bien jeunes, bien inexpérimentés, s'ils peuvent y persévérer long-emps. (Janvier 1867.) •

Majestés Impériales et Royales, Messeigneurs, Messieurs, Mesdames.

Moïse a écrit il y a 4 ou 5,000 ans, que Dieu a tiré la terre du chaos. Qu'est-ce que Dieu de Moïse ? qu'est-e que son chaos ? tel est le problème à résoudre, pour tous ceux qui ne voudront pas être réduits, à l'état de nites, des cirons, qui pullulent dans des papiers et qu'on n'a qu'à mettre en évidence pour en reconnaître la petitesse t la nullité.

Du temps de Moïse comme aujourd'hui, il y avait déjà, des sauvages, des barbares, des civilisés, qui comme les tres inférieurs avaient des sens : de la vue, de l'ouïe, du toucher, de l'odorat, du goût, de la phonation, de la rocréation ; au moyen desquels ils acquéraient : des rêves, des songes, des visions, des hallucinations ; ou des influences, des mpulsions, des impressions, des sympathies, des sentiments, des passions. Du temps de Moïse comme aujourd'hui, les sau-ages donnaient le nom de Dieu, à tout être qui leur rendait de très-grands services ou leur indiquait les moyens d'éviter e très-grands dangers. De son temps comme aujourd'hui les sauvages disaient : « que le soleil un grand feu. »

En effet, c'est un très-grand feu, puisque cela ne peut être, qu'un corps céleste, qui étant embrasé, volcanisé, evient par la combustion et l'ignition à ses volumes de planète, de comète, d'aérolithe, de nébuleuse, de nuage, 'atôme, de fumée, de vapeur, de rien ; parce que des atômes de rien, de vapeur, de fumée, deviennent : des nuages, es nébuleuses, des aérolithes, des comètes, des planètes, des soleils. De son temps comme aujourd'hui, ils auraient ompris parfaitement, qu'il pourrait y avoir un feu beaucoup plus grand si tous les soleils s'éteignaient peu à peu ; ous les corps célestes alors, rouleraient dans d'épais brouillards, des nuages, des ténèbres ; se heurteraient, s'entre-hoqueraient ; seraient brisés, broyés, moulus, fondus dans les eaux et réduits au néant. Que ce néant ne pourrait tre, qu'un composé, des solides, des liquides, des gazeux, des impondérables ; qui changeraient de place, rouleraient ans l'espace, jusqu'à ce qu'étant suffisamment pétris, pétrifiés, cristallisés ; ils aient produit tous les êtres vivants et , 2, 3, 4, 5, 10, 100, 1,000 millions, billions etc. de volcans. Ces volcans le consumeraient et les atômes de fumée, e vapeur, de rien, qui en émaneraient, produiraient : des nuages, des nébuleuses, des aérolithes, des comètes, des planètes, des oleils, pour les faire éteindre de nouveau peu à peu. Comment ? si le mot Dieu, continuait toujours à n'être qu'un rétexte, pour se procurer l'existence assurée, le bien-être, des emplois, des grades, des titres, des honneurs, es dignités et des récompenses. Quant à la construction de leurs abris, leurs locaux, leurs localités ; de leurs jardins, urs serres-chaudes, leurs magnanières, leurs réservoirs, leurs bassins, leurs ménageries, leurs volières ; en sorte, ue l'apparition même, de n'importe quel être, pût mettre en jeu, les appareils qui produisent la combustion et l'ignition, ils auraient compris non moins facilement et auraient dirigé dans ce sens tous leurs efforts.

Les barbares du temps de Moïse comme aujourd'hui, passaient leur temps à soigner leurs personnes, à caresser urs barbes, leurs moustaches, à parler et écrire sur leur paradis, qu'ils peuplaient des femmes de plus en lus jolies, de plus en plus vierges, vierges même au point, qu'il n'y a pas de trace des organes sexuels dont ils

ont fait des anges et leur Dieu ; et qui en réalité, n'offraient à leurs mères, leurs sœurs, leurs compagnes, leurs fill
que l'abrutissement tel, qu'ils les échangeaient contre quelques pièces de monnaie et contre d'autres objets.

Les civilisés du temps de Moïse comme aujourd'hui, n'avaient rien autre à offrir, à toutes les mères, à tous
pères, à tous les enfants, que la dégradation, la destruction et la mort, avant de naître même. Moïse n'y a écha
que grâce à la fille de son destructeur, elle l'a recueilli, l'a nourri, jusqu'à 20 ans, lui a fait acquérir de l'éducat
et de l'instruction, les plus accomplies de son temps. Moïse a employé toute sa vie, toutes ses pensées, tous
actes, toutes ses paroles, tous ses écrits ; à éconduire les juifs de la terre d'Egypte, où je le répète, on n'avait à l
offrir que la dégradation, la destruction et la mort avant de naître même ; puisque bien avant de faire décapiter 2 ou 3,
nouveaux nés, au milieu desquels devait être compris Moïse, on ordonnait aux accoucheuses et aux médecins de les étouf
Mais aujourd'hui, avec les télégraphes électriques, les chemins de fer et les bateaux à vapeur, quelqu'un qui écri
sur la création, sur Dieu, sur ses œuvres, ce qu'a écrit Moïse, prouverait qu'il sait écrire, mais prouverait en mê
temps, qu'il n'y a pas une phrase, pas un mot, pas une syllabe, pas une lettre de vrai.

Que de ces écrits on ait fait un gros livre et tous les livres de ce genre, que depuis 4 ou 5,000 ans, on ait fo
toutes les mères, tous les pères, tous les enfants à y coordonner toutes leurs pensées, tous leurs actes, tou
leurs paroles, tous leurs écrits ; il n'y a que les prêtres, les savants et les représentants du pouvoir qui en soi
capables. (Février 1867).

Majestés Impériales et Royales, Messeigneurs, Messieurs, Mesdames.

Dans le principe le mot Dieu ne peut dire que des yeux, c'est le sens avec lequel on reconnaît le plus promp
ment l'état existant des choses et on est prévenu, d'un éboulement, d'un incendie, d'une inondation, de n'imp
quel danger. Avec le sens de l'ouïe on n'en est prévenu qu'à des distances de plus en plus rapprochées, avec d'au
sens on ne l'est, que lorsqu'il n'y a plus moyen de les éviter.

L'état existant des choses n'a jamais pu être autre que celui que : l'urine, les excréments et les cadavres des êtr
pétris, pétrifiés, cristallisés ; forment tous les corps célestes et donnent naissance à tout ce qui les peuple. Pour
créer, Dieu par conséquent, est obligé de se reproduire lui-même et comme solides, et comme liquides, et com
gazeux et comme impondérables qui composent chacun d'eux ; et comme végétaux, et comme insectes, et comme p
sons, et comme reptiles, et comme animaux, et comme oiseaux, et comme hommes qui les peuplent. Les prêtres,
savants et les représentants du pouvoir, enseignent-ils cela ? non ; leur mot Dieu et tous les autres mots ne sont d
qu'à l'état de néant de zéro. En se proclamant des remplaçants des patriarches, des prophètes, des martyrs, des apôt
des saints, des élèves, des disciples, des élus, des élus d'entre les élus de Dieu, des hommes se disant Dieu et
Jésus-Christ, qui se disait fils de Dieu ; ils se donnent la valeur de 1, 2, 3, 4, 5, 10, 100, 1,000, millions, billions,
au-dessus de ce néant, de ce zéro, de ce Dieu ; et en nous proclamant leurs brebis, leurs agneaux, ils ne n
donnent d'autre valeur que celle de moitié, de tiers, de quart, de cinquième, de dixième, de centième, de millièn
de millionnième, de billionnième, etc. au-dessous de ce néant, de ce zéro, de ce Dieu. Ce n'est pas une plainte,
n'est point un malheur, mais c'est un danger ! (Mars 1867.)

Majestés Impériales et Royales, Messeigneurs, Messieurs, Mesdames.

Tous nous sentons qu'il y a un Dieu et nous n'avons pas besoin qu'on nous prouve qu'il existe, mais quand n
voulons en acquérir la conviction de plus en plus profonde il faut nécessairement que nous étudions toutes ses œuvr
qui ne peuvent être autres : que des soleils, des planètes, des comètes, des aérolithes, des nébuleuses, des nuages,
atômes de fumée, de vapeur, de rien. C'est vite écrit, mais il faut 10, 20, 30, 40, 50 ans de sa vie pour acqué
ces connaissances. Si on ne les trouve pas dans les livres il faut les chercher dans la création ou dans la vie, où
est infiniment plus difficile de lire que partout ailleurs, puisque le livre qui doit en faciliter les moyens, n'est
encore fait et ne peut l'être que par moi ou par mes enfants, si on veut bien nous procurer les moyens de l'écrire et
faire imprimer. Il faut non moins de temps pour reconnaître, que lorsque le mot Dieu, ne sert que de prétexte, p
se procurer n'importe quelle existence, quel bien-être, quel emploi, quel grade, quel titre, quel honneur, quelle dig
ou quelle récompense ? cet état des choses ne peut que se propager pendant tout le temps de création et procréat
de tous les corps célestes, et tous les soleils s'éteignent peu à peu ; tous les corps célestes alors, roulent dans d'ép
brouillards, des nuages, des ténèbres ; se heurtent, s'entrechoquent ; sont brisés, broyés, moulus, fondus dans les n
et réduits au néant, tant et tant de fois qu'il faut, pour produire ce Dieu, tel que la création et la procréation l'exige
c'est-à-dire tel que leur salut l'exige. Agir autrement, c'est vouloir se nourrir, vouloir vivre, des produits de la chas
de la pêche, de l'agriculture ; des produits des œuvres des Ouvriers, des Artistes, des Marchands, des Fabricants,
Négociants, des Banquiers, des Soldats, des Administrateurs, des hommes des lettres, des sciences, des théâtres, des A
cats, des Pharmaciens, des Médecins, des Nobles ; et vouloir détruire, tous les Chasseurs, tous les Pêcheurs, tous les Lab
reurs, tous les Ouvriers, tous les Artistes, tous les Marchands, tous les Fabricants, tous les Négociants, tous les Banquiers, t
les Soldats, tous les Administrateurs, tous les hommes de lettres, des sciences, des théâtres, tous les Avocats, tous les Ph
maciens, tous les Médecins, tous les Nobles. C'est ce qu'on fait aujourd'hui, on veut bien se nourrir, vivre, des p
duits de la terre et on veut détruire et la terre et celui qui l'a créée, Dieu ! (Avril 1867.)

Majestés Impériales et Royales, Messeigneurs, Messieurs, Mesdames.

J'ai eu l'honneur d'exposer, que de même que Moïse, Jésus-Christ et tous ceux qui ont suivi leurs voies, étai
exposés à toutes sortes des dangers, en Egypte, dans la Judée, à Rome et ailleurs ; consacraient toute leur vi
les étudier, à chercher les moyens d'y obvier, se les enseignaient et les enseignaient à leurs enfants, leurs descenda
jusque dans leurs familles, leurs nations et leurs générations du genre humain ; de même nous polonais, moi au mo
je suis exposé à des dangers non moins grands, je suis forcé de consacrer toute ma vie à les étudier, à chercher les moyens
obvier et les communiquer partout où besoin est, dans l'espoir que mes enfants, qui sont encore bien jeunes, b
éloignés de moi, pourront un jour en prendre connaissance et les mettre à profit.

. Deux moyens devraient être à ma disposition, d'abord, la publicité telle que je cherchais à me la créer et puis
publicité telle qu'elle est aujourd'hui. La première je ne dois même pas songer à me la procurer, car tous les im
meurs étant sous l'influence des prêtres, des savants, et des représentants du pouvoir, il n'y a pas un seul d'entr'eux,

voulut leur déplaire pour satisfaire ce besoin urgent de ma vie. D'un autre côté, il n'y a pas un prêtre, pas un savant, pas un représentant du pouvoir, qui ne cherche à exercer sur moi et sur mes enfants, la rigueur de son autorité et la rigueur des lois ; la rigueur de leur autorité je la subis à un tel point, que j'ai la plus grande peine de me procurer de quoi exister, de végéter ; quant à la rigueur des lois je n'ai pu y échapper jusqu'aujourd'hui, qu'en prouvant au delà de toute évidence, qu'il n'y a pas une de mes phrases, qui ne soit vraie, exacte, indispensable et utile. Là il faudrait, que les caractères imprimés fussent absolument semblables à ceux dont on se sert en écrivant, que chaque personne pût se les procurer et s'en servir, pour faire valoir ses pensées, ses actes, ses paroles et ses écrits. Là il faudrait encore, que par ce moyen, on pût se procurer, des amis, des connaissances, des compatriotes, des prôneurs ; en nombre suffisant pour les opposer à tous les prêtres, tous les savants, tous les représentants du pouvoir, afin de faire prévaloir la vérité et le bien. En ce qui concerne la publicité telle qu'elle est aujourd'hui, il n'y a pas un journal, auquel j'ai communiqué le résultat de mes recherches, qui n'ait cherché à me déprécier sous tous les rapports ; l'un d'eux y excellait, dans ses articles signés   je me rappelle, on me les faisait lire bien souvent, on prétendait, qu'en prévenant qu'il s'agit du salut ou de la perte de tous les corps célestes et de tout ce qui les peuple, du salut ou de la perte du monde ! je voulais dire, qu'il s'agit du salut ou de la perte de ma particule de, de mon de. Partout il y a de ceux qui ont la particule de ou qui cherchent à procurer à leurs enfants, l'existence assurée, le bien-être, des emplois, des grades, des titres, des honneurs, des dignités et des récompenses ; et si quelqu'un d'entr'eux, après avoir acquis la conviction de plus en plus profonde, qu'il s'agit du salut ou de la perte de tous les corps célestes et de tout ce qui les peuple, du salut ou de la perte du monde ! s'il en prévenait des journalistes, cela voudrait dire qu'il s'agit du salut ou de la perte de sa particule de, de son de. Tel est l'avenir réservé à tous ceux qui acquièrent des convictions et les communiquent à des publicistes. De même qu'au temps de Moïse et de Jésus-Christ, il y avait des persécuteurs, qui employaient tous les moyens, pour torturer, martyriser, détruire et livrer en réjouissance au public, ceux qu'on érigeait en victimes ; de même aujourd'hui, il y a des persécuteurs, qui emploient tous les moyens, même leurs plumes, pour torturer, martyriser, détruire et livrer en réjouissance au public, ceux qu'on érige en victimes ; jusqu'à ceux qui depuis 150 ans environ, ne cessent de s'exposer à toutes sortes de dangers, pour les sauver et sauver le monde !

Tous les hommes devraient être libres de prouver : qu'ils ont de la bonne foi, de la résignation, des vertus, des talents, des génies, des grandeurs d'âme ; et libres de prouver : qu'ils sont de mauvaise foi, des illusionnaires, des menteurs, des voleurs, des assassins, des empoisonneurs. Pour le prouver à nos enfants, nos descendants, qui peuvent être en bas âge, qui peuvent être éloignés de nous, qui peuvent être dans des orphélinats, des pensionnats, des écoles, des collèges, des lycées, des facultés, des universités ; il faudrait, je le répète, que les caractères imprimés fussent absolument semblables à ceux dont on se sert en écrivant, que chaque personne pût se les procurer et s'en servir, pour faire valoir auprès d'eux, ses pensées, ses actes, ses paroles et ses écrits. Pour le prouver au public, il faudrait pouvoir le faire, au moyen de publicité telle que je cherchais à me la créer, au moyen des journaux, dans des traités et des volumes. La publicité française devrait réparer le mal qu'elle m'a faite, car elle devrait envisager, qu'elle expose à une destruction inévitable et moi et tous ceux qui savent écrire et toutes les générations présentes et à venir du genre humain.

J'ai l'honneur d'être avec un très-profond respect Majestés Impériales et Royales, Messeigneurs, Messieurs, Mesdames,

Votre très-humble et très-obéissant serviteur.

Auguste de BUKOJEMSKI, Dr. M. M.

(Mai 1867.)

Brignoles, imprimerie de A. Vian.